삶의 만족은
어디에서 오는가

지은이 **서동석**

고려대학교에서 〈에머슨의 중립성 추구: 삶의 양극적 모순에 관한 생태적 통찰〉로 박사학위를 받았고, 20여 년간 에머슨을 연구했다. 에머슨의 중심 사상인 조화와 균형이 수행의 핵심 원리인 중도와 통하고, 무엇보다 에머슨이 추구하는 진실한 삶이 건강은 물론이고 인간사 모든 경영의 최고 방법이라는 사실을 깨닫고, 현재 동서양을 아우르는 중도의 방법으로 인문학, 건강, 그리고 균형과 조화의 삶을 연구하며 저술 및 강의를 하고 있다. 지은 책으로『나는 좋은 부모인가』『에머슨, 조화와 균형의 삶』 등이 있으며, 옮긴 책으로『자연』이 있다.

삶의 만족은 어디에서 오는가

지은이   서동석

이 책의 편집과 교정은 양은희, 디자인은 노영현, 제작은 꽃피는청춘 임형준, 종이는 대현지류 이병로가 진행해 주셨습니다. 이 책의 성공적인 발행을 위해 애써주신 다른 모든 분들께도 감사드립니다. 티움출판의 발행인은 장인형입니다.

초판 1쇄 인쇄 2015년 3월 5일
초판 1쇄 발행 2015년 3월 16일

펴낸 곳   티움출판
출판등록   제313-2010-141호
주소   서울특별시 마포구 월드컵북로4길 77, 3층
전화   02-6409-9585
팩스   0505-508-0248
홈페이지 www.tiumbooks.com   www.facebook.com/tiumbooks

ISBN 978-89-98171-19-3 03190

티움은 책을 사랑하는 독자, 콘텐츠 창조자, 제작과 유통에 참여하고 있는 모든 파트너들과 함께 성장합니다.

삶의 만족은
어디에서 오는가

시간을 초월한 불멸의 철학자 에머슨이 전하는 진정한 삶의 기술

지금 이 순간을 완성하며, 인생의 모든 행로에서 삶의 목적을 찾고, 최대한 좋은 시간을 가져라.

서동석 지음

티움

모순된 삶 속에서 균형을 잡아주는
에머슨의 지혜

삶에는 열정과 함께 넘쳐나는 생명력으로 모든 가능성을 만드는 생기가 있다. 하지만 삶에는 피할 수 없는 고통도 존재한다. 이런 삶의 모순 속에서 많은 사람들은 성공의 기회를 찾는다. 처세에 관한 책이 넘쳐나는 것을 보면 알 수 있다. 그러나 삶의 모순을 제대로 설명하고 있는 책은 어디에도 없다.

삶의 모순을 헤쳐나가는 지혜가 없다면 성공은 요원하다. 비록 일시적으로 성공할 순 있지만 그 성공을 오랫동안 유지할 수 없다. 에머슨Ralph Waldo Emerson이 제창한 초절주의transcendentalism는 삶의 모순을 해결하려는 부단한 노력의 결과다. 삶의 모순은 논리적으로 설명할 수 없다. 그것은 상황 논리이기 때문이다. 그 상황은 끊임없이 변화하는 현상 속에 있다. 그러나 그 현상 속에는 또한 변하지 않는 본성이 존재한다. 에머슨은 이 이중성을 이해하기 위해 서양의 다양성 철학과 동양의 통일성 철학을 통합하여 구현했다. 에머슨의 철학은 구태적인 모든 형식을 뛰어넘고 형식과 내용을 끊임없이 새롭게 통합한다. 에머슨의 시각은 원칙과 변칙, 삶의 내용과 형식, 사회의 통일성과 개인의 다양성 등을 양면적으로 바라보고 있다. 삶을 총체적인 시각으로 바라보지 않으면 삶의 진실을 찾을 수 없기 때문이다.

에머슨의 방식은 동양의 중도 사상과 일맥상통한다. 중도란 양극단을 삼가고 동시에 중간에도 얽매이지 않으며 상황 속에서 진실한 삶을 구현하는 방식이다. 에머슨 사상의 핵심은 조화와 균형이다. 이것은 중도의 또 다른 표현이라고 할 수 있다. 동서양의 사상과 종교는 비록 다르지만, 에머슨은 중도라는 교집합을 찾아냈다. 중도는 바로 삶의 진실을 구현하는 것이다.

세상에는 많은 처세 방법이 있지만, 진실과 정직을 이길 수 있는 방책은 없다. 그러나 순진한 진실은 험악한 세상의 격랑 속에서 지탱하기 힘들다. 삶의 진실을 이루기 위해서는 강력한 의지와 지혜 또한 필요하다. 삶의 모순을 바라보는 에머슨의 양면적 태도는 우리에게 삶의 균형을 잡는 지혜를 제공한다. 경영에서 수익과 분배의 모순, 교육에서 사랑과 매의 모순, 정치에서 좌와 우의 모순 등 우리 삶의 모든 모순을 균형 있게 잡아주는 지혜를 에머슨이 가르치고 있다. 때로 에머슨의 말은 폐부를 찌르는 듯 통렬하다. 그러나 그의 말은 우리에게 가르치는 바가 크다. 좋은 약은 입에 쓰지만 병을 고친다. 에머슨의 뼈아픈 말은 우리의 병든 사회를 고치는 약이 되기에 충분하다.

에머슨의 글은 어렵다. 모든 삶의 모순을 종합적으로 설명하고 있기 때문이다. 그러나 곰곰이 반복해서 읽다 보면 역설의 미학을 느낄 수 있다. 이 책은 읽기 힘든 에머슨의 글을 좀 더 쉽게 소개하기 위해 기획되었다. 또한 에머슨의 조화와 균형 정신을 실생활에 적용할 수 있는 해설이 담겨 있다.

이 책은 불광동에 있는 조그만 지하 소호 사무실에서 기획되었는데, 한 가지 재미있는 것은 그 방의 이름이 '이스탄불'이라는 점이다. 주인이 임의로 붙인 것이지만, 일찍이 동서양의 문화가 하나로 만났던 곳이 이스탄불이라는 사실을 감안하면 참으로 묘한 인연이 아닐 수 없다. 이 책과 인연이 되는 모든 청춘이 삶의 균형을 이루고 궁극적으로 성공하는 인생을 살기를 희망해본다.

스스로의 힘으로 이 지상에 자리를 단단히 잡고 건강한 세상을 꿈꾸고 창조하는 자는 영원한 청춘이다!

2015년 2월

서동석

차례

일러두기

이 책은 에머슨 전집인 『The Complete Works of Ralph Waldo Emerson』
(edited by Edward Waldo Emerson. 12 vols. Boston: Houghton Mifflin,
1903-1904)과 에머슨의 일기인 『The Journals and Miscellaneous
Notebooks of Ralph Waldo Emerson』 (edited by William H. Gilman et al. 16
vols. Cambridge, Mass.: Harvard University Press, 1960-1982)에서 인생철
학에 관한 주요 글을 인용했다.

성공

I

성공한 모든 사람은 자신이 인과론자였다는 사실에 동의한다.
그들은 모든 것이 운이 아니라 원칙에 의해 이루어졌다고 믿는다.

All successful men have agreed in one thing,
—they were causationists. They believed that things
went not by luck, but by law.

성공은 진실한 노력의 결과다

자연은 여러 가지 원인이 작용하여 그 토양을 이루고, 서로 화
합하여 만들어진 결과물이다. 이 필연의 법칙은 인간의 삶에도
그대로 적용된다. 그러나 우리는 이 법칙을 제대로 느끼지 못한
다. 그래서 성공을 운이라 말하는 사람이 많다. 성공한 사람의 노
력을 보지 못했을 때, 우리는 그 결과를 운으로 폄하한다. 그러나
원인 없는 결과가 없듯, 노력 없는 성공도 없다. 뜻하지 않은 결
과란 없다는 말이다.

에머슨은 성공의 조건으로 가장 먼저 자기 자신을 바로 보라고 요구한다. 자기 자신과 현재의 상황을 바로 보는 것이 인생을 바르게 사는 데 필요한 최초의 씨앗이다. 이 씨앗을 잘 배양해서 꽃을 피우기 위해선 자신의 꿈과 현실이 가진 모순과 한계를 극복해가는 강한 정신력과 지혜가 필요하다. 한편 우리의 삶은 혼자만의 진공 상태에 있지 않고 서로 다른 사람들의 조건과 상황이 빚어내는 충돌과 갈등 속에 있다. 따라서 조화와 균형이 성공하는 인생의 가장 큰 지혜다.

무엇보다 성공은 한 인간의 진실한 노력의 결과다. 진실하지 않은 삶은 수많은 조건으로 얽혀 있는 생명 활동의 망 속에서 불협화음을 낼 수밖에 없고 결국 소외되기 마련이다. 그런 의미에서 성공의 열매를 함께 나누는 베풂의 정신이 없는 사람은 그 열매의 맛을 오래 누릴 수 없다. 미국 기업가 워런 버핏이나 빌 게이츠가 보여주는 기부 정신은 본받을 만하다. 우리나라에도 400년간 부를 이어온 경주 최 부자 이야기가 있다. 이들 모두의 공통점은 가진 것을 독점하지 않고 나눠준다는 것이다. 돈은 흐르는 물과 같아, 담아두기만 하면 썩는다. 베풂은 성공을 오래 유지시키는 요소다.

2

나는 존재하고, 나는 소유한다. 그러나 내가 무언가를 획득하는 것은 아니다. 내가 어떤 것을 획득했다고 생각할 때, 나는 아무것도 얻지 못했음을 알았다.

I am and I have: but I do not get, and
when I have fancied I had gotten anything, I found I did not.

⫶ 재산은 소유가 아니라 관리의 대상이다

우리는 재산을 소유한다고 말한다. 그러나 우리는 자연의 그 어떤 것도 소유할 수 없다. 우리는 무언가를 소유하는 것이 아니라 그저 일시적으로 관리할 뿐이다. 소유한다는 집착에 빠지는 순간, 어떤 것도 제대로 관리할 수 없다. 재산은 자연의 일부로서 자연 법칙에 따른다. 자연 법칙은 고여 있지 않고, 흐르고, 변화하는 물과 같다. 따라서 자연 법칙을 위반하려는 인간에게 남는 것은 결국 아무것도 없다.

우리의 선조 중, 19세기 조선 후기에 활동했던 임상옥이라는 거상巨商이 있었다. 그분은 추사 김정희가 '상업지도商業之道'라는 글을 써줄 만큼 장사에 있어서 자연의 이치를 깨달은 사람이었다. 임상옥은 초연한 태도로 재산을 흐르는 물과 같이 대했다. 그는 눈앞의 이익보다는 사람을 중시했다. 사람 관계가 관리의 핵심이다. 결국 사람이 모든 것을 관리한다는 이치를 그는 잘 알고 있었던 것이다.

에머슨은 특정한 물건보다는 물건을 만드는 기술을, 특정한 서비스보다는 그 서비스의 정신을 중시했다. 그 기술과 정신은 바로 인간에게 있다. 따라서 재산의 관리는 사람 관리이기도 하다. 각 분야에서 장인의 정신을 발휘할 수 있는 사람을 좋게 대우하는 것이 자신의 재산을 가장 훌륭하게 관리하는 기술인 셈이다.

3

성공한 사람은 가장 좋은 기회가 빈번하게 제공되는
시간과 장소에 능숙하게 자리 잡는 데 숙달되어 있다.

[The] mastery of successful men consists in adroitly keeping
themselves where and when that turn shall be oftenest to be
practised.

⁞ 좋은 때와 위치를 잡아라

삶은 시간과 공간에 의해 좌우된다. 아무리 좋은 것도 때를 잘
못 만나면 가치가 없다. 또한 아무리 값진 것도 위치를 잘못 잡
으면 의미가 퇴색된다. 예를 들어 시대를 너무 앞서거나 또는 그
가치를 모르는 세상에 태어난 천재들은 일생을 고독하게 지내
야 했다.

크게 성공한 사람은 적절한 시기와 장소에 위치하는 법을 안
다. 어떤 대업大業이 성공적으로 이루어지기 위해서는 알맞은 시

간과 공간에 그 일을 수행할 사람들이 모인다고 한다. 한 시대의 영웅은 그때 그곳에 자리를 능숙하게 잡고 사람들을 잘 다룰 줄 안다. 결국 시대의 흐름과 변화의 관계를 잘 읽을 줄 아는 사람이 성공한다.

에머슨이 추구하는 삶은 삶의 모순을 극복하고 조화와 균형을 성취하는 것이다. 성공은 삶의 역동성 속에서 흐름과 변화의 리듬을 잘 타고 균형을 잡아나가는 가운데에 있다. 균형은 수많은 사람이 자아내는 모순된 상황 속에서 조화를 유지하는 것이기 때문에, 경직된 사고방식을 유연하게 바꾸는 것이 바람직하다.

4

어떤 사람은 머리로 일하고, 어떤 이는 육체의 힘으로 일한다.
힘으로 일하는 자는 다른 사람에게 지배된다. 지배되는 자가 지배하는 자를
먹여 살린다. 이것이 하늘 아래 모든 일에 적용되는 일반 법칙이다.

Some man labor with their minds, and some with bodily strength.
Those who labor with their strength are ruled by men. Those
who are governed by others, feed others. This is a general rule
under the whole heavens.[1]

능력과 역할에 따른 질서를 이해하라

이 말은 자연의 질서를 인간의 위계질서로 표현한 유교의 정치
이념이다. 에머슨은 정치적으로 봉건주의적인 중국의 위계질서
를 옹호하지 않는다. 다만 그는 사람마다 자신이 해야 할 일이 있
다는 것을 말하고 있을 뿐이다. 에머슨은 미국 사회의 근간을 바
로 세우고자 19세기 당시 파격적으로 받아들여졌던, 완전히 새로
운 사상을 발표했다. 그러나 정작 본인은 자신의 사상으로 유발
된 많은 논쟁과 활동에 직접 참여하지 않았다. 그는 지식인의 사

명이 객관적 진실을 전하는 것이지, 정치·사회적 활동에 참여하는 것은 아니라고 자신을 위로했다.

성공은 각자 자신의 능력과 적성을 파악하고 자신의 위치와 질서를 찾는 것이다. 민주주의 사회에서 직업에 귀천은 없다. 하지만 일에 따른 역할은 분명히 다르다. 그 일에 따른 역할이 바로 질서다. 그 질서를 무시하면 사회가 무너진다. 다양한 문화, 직업, 그리고 가치를 인정하는 것이 민주주의의 근간을 이룬다.

---

1) 에머슨은 1834년 그의 일기에 『맹자(孟子)』 등문공장구(滕文公章句) 상(上)에 있는 내용을 적어 넣었다.

5

위대한 사람은 바로 군중의 한가운데에서도
참으로 부드럽게 혼자만의 고요함을 유지하는 사람이다.

[The] great man is he who in the midst of the crowd keeps with
perfect sweetness the independence of solitude.

⫶ 번잡한 일상 속에서도 고요함을 유지하라

성공의 기준은 사람마다 다르다. 에머슨에게 성공적인 삶은 평
범한 일상의 삶 속에서 고상한 마음을 고요하게 유지하는 것이
다. 위대한 사람은 파란만장한 인생의 굴곡 속에서도 진실한 삶
을 구현한 공자, 예수, 석가 등과 같은 사람이다. 이들은 시끄러운
시장 한가운데서도 고요한 마음을 유지할 수 있었다. 번뇌가 들
끓고 있는 세상 속에서 혼자만의 고요함을 유지할 수 있는 사람
은 진정 위대하다.

성공은 수많은 선택의 순간에도 침착함을 유지해야 가능하다. 자신만의 진실한 삶의 원칙이 있는 사람은 세상의 여론에 흔들리지 않는다. 한 기업의 총수나 한 나라의 대통령이 중심을 잃고 흔들린다면 수많은 직원이나 국민이 불안해할 것이다. 배의 평형수가 부족하면 위기 시에 복원력을 상실하듯이, 리더가 중심을 잃으면 기업이나 나라가 위험해진다.

바른 정신은 고요한 마음속에 깃들어 있다. 모든 껍데기를 버리고 진실한 삶의 내면을 바라보고, 바른 정신으로 홀로 자립하는 사람만이 장차 세상의 주인이 될 수 있다.

6

자신을 믿어라.
모든 마음은 그 철의 현에 감동하여 울린다.

Trust thyself: every heart vibrates to that iron string.

⦙ 자신을 믿어라

자신을 믿어야만 성공할 수 있다. 자신을 믿는 강철 같은 마음으로 행동하고, 거짓 없는 진실함을 유지한다면 사람들은 그 마음에 감동하여 화답한다. 성공을 위한 모든 조건은 자신의 내면에 갖추어져 있다. 다만 삶의 조건과 타고난 습성이 사람마다 다르기 때문에 성공의 조건이 각각 다를 뿐이다. 따라서 다른 사람을 모방하지 말고 자신만의 잠재능력을 개발하라. 성공은 각자 다른 가치다.

모든 위대한 천재는 세상의 온갖 반대 여론에도 불구하고 자신을 믿었다. 자신의 두 발로 서서 자신의 목소리를 내는 사람은 위대하다. 성공을 위한 가장 중요한 정신은 자립이다. 자립은 자신에게 주어진 현실을 수용하고 그 한계를 극복하여 현실과 이상을 조화시키는 정신이다. 모순과 한계에 대항하는 강한 반항 정신과 더불어 개혁의 성과를 전체 사회와 나누고자 하는 사랑과 자비가 진정한 천재의 정신이다. 진실한 천재의 노력은 세상을 감동시킨다.

7

가장 매력적인 사람은 간접적인 영향력을 행사한다.
그들은 직접 타격하지 않는다.

**The most attractive class of people are those
who are powerful obliquely, and not by the direct stroke.**

⁝ 부드러움이 강함을 이긴다

자연에는 작용과 반작용의 법칙이 있다. 타격이 강하면 되돌아
오는 반응도 그만큼 강하다. 성공의 비결은 직접적인 타격 없이,
전체적인 흐름을 타는 것이다. 대세의 흐름을 타면 간접적인 힘
으로도 충분한 목적을 이룰 수 있다. 흐름을 타기 위해서는 자연
과 사회의 변화 원리를 이해해야 한다. 인문학에서 사회와 역사
의 변화를 이해하고, 자연과학에서 자연과 물리의 변화를 배울
수 있다. 자연과 우주의 생성 변화 원리를 이해하는 사람은 부드

러움의 미학을 깨칠 수 있다.

부드러움이 강함을 이긴다. 물론 때로는 강함도 필요하다. 지혜로운 자는 강약의 리듬을 부드럽게 타는 삶의 미학을 아는 사람이다. 때로는 호랑이처럼 강하게 때로는 양처럼 순하게 처신할 줄 아는 것이 중도적 삶의 미학이다. 부드러운 삶의 리듬을 타기 위해서는 삶의 관계와 변화에 열린 마음을 가져야 한다. 경직되고 수직적인 마음으로는 사회 변화에 유연하게 대처하기 힘들다. 열린 마음은 수평적 사고와 수직적 사고가 조화를 이룬 마음이다. 부드러움과 강함의 균형을 잡는 사람은 크게 성공할 수 있다.

8

성공의 비밀을 돈의 양에서 찾지 말라.
그것은 수입과 지출의 관계에 있다.

**The secret of success lies never in the amount of money,
but in the relation of income to outgo.**

⦂ 크기보다는 내실이 중요하다

성공은 돈의 관리에 있다. 수익은 돈의 양이 아니라, 수입과 지
출의 차이에서 결정된다. 그 차이는 결국 수입과 지출의 관계를
어떻게 관리하느냐에 달려 있다. 수입이 아무리 많더라도 지출이
수입을 초과한다면 적자 인생을 면하기 힘들다.

경영 또한 크기보다는 내실이 중요하다. 덩치만 큰 기업은 공
룡과 같다. 몸집이 크면 상황의 변화에 빠르게 대처하기 힘들다.
공룡이 멸종한 이유는 지구의 급격한 변화에 대처할 수 없는 둔

하고 큰 몸에 있었다. 중소기업과 중산층이 튼튼한 사회가 안정적이다.

에머슨은 성공을 관계의 균형에서 찾고 있다. 각자 자신의 상황에 맞게 균형을 유지하며 수입과 지출의 관계를 정리할 때 물질적 성공이 가능한 것이다. 모든 조직은 생로병사를 겪는 유기체의 변화 과정을 거친다. 젊음을 오래 유지하기 위해서는 끊임없이 절제와 자기 관리가 필요하듯이, 물질적 성공도 이와 다르지 않다. 무엇보다 성공은 내면의 가치관을 삶에 적절하게 구현하는 데 있다.

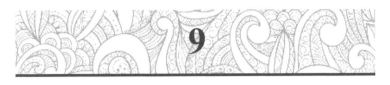

9

운명이 생명력을 따르고 제한한다면,
생명력은 운명에 순응하고 저항한다.

**If Fate follows and limits power,
power attends and antagonizes Fate.**

⁝ 순응과 저항의 조화로 성공적인 삶을 실현하라

자연은 인간에게 거대한 운명이다. 자연은 우리의 삶을 제한하
는 동시에 새로운 생명력을 끊임없이 제공한다. 한편 우리는 자
연의 생명력을 부여받고 태어나 자연의 운명을 따르고 있지만,
동시에 자연에 저항하면서 새로운 운명을 만들고 있다. 인간이
자연에 순응하기만 한다면 짐승과 다를 것이 없다.

생명력은 순응과 저항의 양면적인 움직임을 통해, 인간이 새로
운 세상의 주인으로 살 수 있는 원동력을 제공한다. 성공은 변화

의 흐름에 순응하는 동시에 저항하면서 균형 잡는 방법에 있다. 순응과 저항의 두 정신이 조화를 이룰 때 성공적인 삶이 실현된다. 세상은 끝없는 관계의 재편을 통해 변화하고 있다. 따라서 늘 새로운 관계의 망을 형성하기 위해서는 순응과 저항의 이중적인 마음이 필요하다. 그러나 그 이중성은 삶의 진실이라는 기본 바탕 위에서 유지될 때 참된 의미가 있다. 기회주의적 변신과 진실한 변화는 다르다.

10

만일 운명이 광석과 채석장이라면, 만일 불행이 성공에 도움이 된다면,
만일 한계가 미래의 힘이라면, 만일 재난과 적대적 관계와 압박감이 날개
이고 수단이라면, 우리는 조화롭게 된다.

If Fate is ore and quarry, if evil is good in the making, if
limitation is power that shall be, if calamities, oppositions, and
weights are wings and means, we are reconciled.

시련은 성공의 기회다

운명은 우리에게 끝없는 시련과 고통을 준다. 그러나 그 시련
과 고통은 채석장의 광석과 같다. 그 거친 광석을 갈고 닦고 조합
하면 아름다운 건축물을 만들 수 있다. 마찬가지로 운명의 시련
과 고통은 정신적으로 그리고 육체적으로 우리를 단련하고 우리
의 삶을 원숙하게 만든다. "젊어 고생은 사서도 한다"라는 말이
있듯이, 젊은이는 실패를 두려워하지 말고 자신이 뜻한 바를 향
해 불굴의 정신으로 나아가야 성공할 수 있다.

성공은 운명을 대하는 태도에 달려 있다. 우리는 거친 운명을 훈련의 기회로 삼을 수도 있다. 반대로 우리는 그 운명에 좌절할 수도 있다. 성공하는 사람은 운명을 피하지 않고 당당하게 맞서서 스스로 운명의 주인이 된다. 실패를 경험하지 않은 성공은 바람이 조금만 세게 불어도 무너질 수 있는 사상누각砂上樓閣과 같다. 시련과 실패를 통해 우리는 거친 인생의 파도에도 좌초되지 않는 성공의 노하우를 배우게 된다. 시련과 아픔을 기회로 삼을 줄 아는 지혜가 필요하다.

신의 섭리에 따라 당신을 위해 마련된 그 자리, 당신과 같은 시대
를 살고 있는 사회, 세상사의 관계를 받아들여라.

Accept the place the divine providence has found for you, the
society of your contemporaries, the connection of events.

⦂ 능력과 적성에 맞는 일과 역할을 찾으라

우리는 현실을 부정할 수 없다. 현실을 부정하고 회피하는 자
에게 성공은 없다. 성공하고자 한다면 자신의 현실을 있는 그대
로 바라볼 필요가 있다. 큰 포부를 품기 이전에 자신을 객관적으
로 보는 시간을 갖자. 먼저 자신을 둘러싼 삶의 환경을 받아들여
라. 무엇보다 가족을 이해하고 용서하고 사랑해야 한다. 그리고
그 정신을 보다 확장해서 사회 공동체, 국가, 그리고 세계를 바라
보라.

자신의 일과 역할을 찾기 위해서는 먼저 하늘이 부여한 능력과 적성을 알아야 한다. 자신의 능력과 적성에 맞지 않는 일과 역할은 몸에 맞지 않는 옷과 같다. 어울리지 않는 옷은 자기만족과 행복을 방해할 뿐이다. 자신이 처한 사회와 사회 관계를 알아라. 개인과 사회의 관계 속에서 균형을 잡고 자신의 역할을 찾는 것이 바람직하다. 비록 큰 성공이 아닐지라도 자기의 능력과 적성에 맞는 일을 주어진 위치에서 잘할 줄 아는 사람은 이미 성공한 사람이다. 에머슨에게 성공한 사람은 하늘이 부여한 천명天命을 충실히 이행하는 사람이다. 역할의 크고 작음은 인간의 분별에 불과하다.

12

인생이라는 향연에서 최고의 날은 자기 내부의 눈이
만물의 통일성과 법칙의 편재성을 바라보기 시작한 날이다.

*The day of days, the great day of the feast of life,
is that in which the inward eye opens to the Unity in things,
to the omnipresence of law.*

⦂ 자연의 이치를 깨닫는 것이 최고의 성공이다

인생에서 최고의 성공은 자연의 이치와 인생의 섭리를 깨닫는
것이다. 자연에는 모든 것이 하나로 귀결되는 통일성의 법칙이
있다. 그것은 모든 곳에 편재하는 본성이다. 뭉치면 하나이고 흩
어지면 만상이 되는 자연의 이치를 깨닫는 자가 최고의 성공을
거둘 수 있다. 정치, 경제 등 모든 분야가 이 통일성의 이치에서
벗어나지 않는다.

누구나 자신의 분야에서 그 원리를 통달할 수 있다. 거상 임상

옥처럼 '상업의 도商業之道'를 이룰 수도 있다. 진정으로 성공한 사람은 삶의 이치를 깨달은 사람이다. 모든 법칙은 결국 자연의 법칙으로 통한다. 따라서 한 분야에서 도를 이룬다면 그 분야의 대가가 될 뿐만 아니라 결국 자연의 이치와도 통하게 될 것이다.

우리의 인생은 한 치의 앞도 내다볼 수 없는 암흑과 같다. 만약 인생의 길을 안다면 어두운 밤에 횃불을 갖고 있는 것과 같다. 상인에게 상도商道, 무술인에게 무도武道, 차를 만드는 이에게 다도茶道가 있듯이, 모든 사람에게 자신만의 길이 있다.

13

자만하는 자가 자만의 칼끝에 한 번은 베이는 것처럼,
결점 있는 자도 그 결점 때문에 이로울 때가 있다.

As no man had ever a point of pride
that was not injurious to him, so no man had ever a defect
that was not somewhere made useful to him.

⋮ 겸양의 정신을 길러라

상처 난 조개가 그 아픔을 이기면서 진주를 만들듯, 누구나 일
생 동안 자신의 결점 때문에 감사해할 때가 있다. 사람들은 대개
재능을 자만함으로써 큰 낭패를 당한다. 반면 결점에 대해서는
늘 조심하고 자신을 낮추게 된다. 결국, 자신의 재능으로 망하고
결점으로 흥하는 경우가 많다. 자만의 칼끝이 자신을 해치는 가
장 무서운 적이다. 경적필패輕敵必敗라는 말이 있다. 적을 가볍게
보면 반드시 패하게 되어 있다. 성공은 자신을 낮추는 겸양의 정

신에서 나온다.

자연의 변화에서 볼 수 있는 보상Compensation의 특성은 인간의 재능에도 적용된다. '모든 인간 행동의 보상적 특성'은 그의 약점을 장점으로, 불행을 행복의 전기로 만든다. 이 점에서 에머슨은 "인간은 결점에 감사하고, 재능을 두려워해야 한다"라고 말했다. 에머슨의 보상 이론은 『주역周易』에서 말하는 "궁하면 변하고, 변하면 통하며, 통하면 오래간다"라는 사상과 상당히 유사하다. 기회의 수레바퀴는 모든 사람에게 공평하게 돌아가는 법이다.

14

사람은 자신이 가장 잘할 수 있는 일을 할 때,
눈에 띄지 않는다.

**A man will not be observed in doing that
which he can do best.**

: 모든 것이 자연스러워야 성공할 수 있다.

모든 생명에게 가장 소중한 것은 공기와 물이다. 그중에서도
특히 공기의 소중함을 우리는 평소 인식하지 못한다. 공기는 너
무도 자연스럽기 때문이다. 이와 같이 너무도 자연스러운 것은
눈에 띄지 않는다. 예를 들어 어머니가 집에서 하는 일은 많지만
거의 눈에 띄지 않는다. 그러나 어머니가 집을 비우면 사정이 달
라진다. 어머니의 빈자리가 너무 크게 느껴지게 된다.

성공은 이와 같은 자연스러움에 있다. 성공은 인위적으로 되는

것이 아니라 자연스럽게 이루어진다. 성공은 절로 되는 법이다. 감이 익으면 저절로 떨어지듯, 우리의 진실한 노력이 성숙해지면 그 결실은 의식하지 못하는 사이에 우리에게 다가온다. 인위적인 성공은 오래가지 못한다.

벼락출세를 원하는 사람들이 의외로 많다. 하지만 기초가 튼튼하지 않고 성실한 노력이 들어가지 않은 성공은 언제든 무너질 수 있다. 모든 것은 시작하는 대로 끝난다. 장인匠人은 온갖 어려움을 이겨내고 자연스러운 능숙함을 얻게 된 것이다.

15

자연은 계산적인 사람을 싫어한다.

Nature hates calculators.

⦂ 일시적인 이익 추구는 불균형을 초래한다

자연은 계산대로 흘러가지 않는다. 자연은 전체이고 인간의 계산은 부분적이다. 아무리 인간의 머리가 뛰어나도 전체를 볼 수는 없다. 진실로 지혜로운 사람은 머리를 함부로 쓰지 않는 법이다.

성공은 부분과 전체의 관계를 보는 눈에 있다. 특히 성공은 사람과의 관계를 바로 하는 사람에게 온다. 눈앞의 작은 이익보다는 인간 사이의 조화로운 관계가 더욱 중요하다. 일시적인 이익은 그 조화로운 관계를 해칠 수 있다.

미래에 대한 계획을 짤 때 눈앞의 이익보다는 자신의 인생 전체를 조망하고 자신이 진실로 사회 공동체에 이바지할 수 있는 소질과 능력을 찾는 것이 좋다. 그런 연후에 자신이 선택한 분야에서 최소 10년 동안은 꾸준히 성실하게 노력하면 자기 나름의 일가一家를 이룰 수 있다. 이익이 눈앞에 보일 때 바로 그것을 취하지 말고 깊고 멀리 생각하라.

16

나는 반대의 경향이 내는 불협화음을
당연한 것으로 받아들인다.

I accept the clangor and jangle of contrary tendencies.

⦂ 불협화음을 두려워 말라

우리 사회는 서로 다른 가치관을 가진 사람들의 집합체다. 불
협화음은 당연하다. 특히 민주주의는 시끄러운 사회 제도다. 우
리 사회는 좌와 우의 갈등이 심하다. 하지만 이것은 자연스러운
과정이다. 이 시끄러움을 혐오하고 모든 것을 하나로 만들려는
시도는 더 큰 갈등과 피해를 가져온다. 예를 들어 역사적으로 극
우의 대표는 히틀러이고, 극좌의 대표는 스탈린이었다. 두 사람
의 공통점은 그 둘 때문에 너무 많은 사람들이 죽었다는 것이다.

사회적 통일성과 개인의 다양성이 공존해야 사회가 건전해진다.

　기업과 국가의 성공도 조직의 다양한 의견이 견제와 균형을 유지할 때 가능해진다. 언론이 막히고 의사결정이 독단으로 흐른다면 곧 그 기업과 국가는 위기를 맞게 될 것이다. 개인의 성공도 이와 같다. 자신에 대한 쓰라린 평가를 당연한 것으로 여기고 오히려 칭찬을 두려워해야 한다. 누구나 칭찬이 과하면 균형을 잃는다. 이 점에서 에머슨은 칭찬보다 비난을 감사하게 여겼다.

불행에 대한 보상도 긴 시간이 흐른 뒤에야 분명히 이해된다.

[The] compensations of calamity are made apparent to the understanding also, after long intervals of time.

실패와 성공은 함께한다

인생은 고통과 불행의 연속이다. 그러나 그 고통과 불행이 우리를 성숙시킨다. 특히 우리는 큰 시련을 통해 삶에서 어떤 혁명적 변화를 갖게 된다. 우리는 그 시련을 통해 인생을 되돌아보고 잘못을 반성한다. 깊은 반성으로부터 자신의 상처를 치유하는 힘을 다시 찾고 새로운 인생의 전기를 마련한다. 우리는 시련으로 강해지며, 시련을 통해 인생의 전환점을 돌아 성공과 행복에 이를 수 있다.

행복과 불행은 동전의 앞뒷면과 같다. 성공은 불행으로부터 나오고, 실패는 행복으로부터 생긴다. 성공은 불행을 거울삼아 각고로 노력하는 과정에서 이루어진다. 실패는 행복의 안일함 속에서 싹튼다. 따라서 성공은 행복과 불행을 균형 있게 바라보는 사람에게 있다. 유비무환의 정신이 중요하다. 건강할 때 건강을 잘 관리해야 하듯이, 성공했을 때 실패를 예방하는 정신이 필요하다.

18

마음이 부유하지 않다면, 물질적 부는 추한 거지와 같다.

Without the rich heart, wealth is an ugly beggar.

: 마음이 넉넉해야 크게 성공한다

　재산을 아무리 많이 갖고 있어도 쓸 수 있는 마음의 여유가 없다면 거지와 다름없다. 우리 사회에 부자는 많지만 마음이 풍요로운 사람은 많지 않다. 마음이 부자인 사람은 필요할 때 재산의 일부를 나누어줄 수 있는 사람이다. 진정한 재산은 바로 그 넉넉한 마음이다.

　현대 사회에서 기부와 봉사는 필수 덕목이다. 기업의 이윤은 사회로부터 나온다. 기업의 이윤 일부를 사회에 환원하는 것은 새로운 소비를 유도해서 다시 기업을 살리게 된다. 기부 문화가 발달한 사회는 건강하다. 미국 사회에 많은 문제가 있지만 아직도 건재한 것은 이러한 기부 정신에 있다. 워런 버핏이나 빌 게이츠는 세계에서 가장 많은 돈을 버는 사람에 속하면서 동시에 가장 많은 돈을 기부하는 사람들이기도 하다. 우리 사회에 기부가 적은 것은 기부 받은 돈을 제대로 쓰지 않기 때문이다. 결국 이것도 기부를 받은 자의 마음이 부유하지 않은 것에서 비롯된다.

19

조로아스터는 "축복의 신은
인내하는 인간에게 먼저 온다"라고 말했다.

"To the persevering mortal," said Zoroaster,
"the blessed Immortals are swift."[2]

인내에는 행운이 따른다

성공은 강한 인내와 불굴의 정신이 있어야 가능하다. 거친 운
명의 시련을 견디어내야만 달콤한 결실을 맛볼 수 있다. 어려서
부터 너무 편하게 살아온 사람은 인생의 거친 파도를 견딜 수
없다.

이 때문에 대부분의 부자가 3대를 넘기지 못한다. 첫 번째 대
에는 강한 정신으로 모진 풍파를 견디고 근검절약해서 성공을 거
둘 수 있다. 아버지의 모습을 본 아들에게는 그 정신이 어느 정도

이어져, 재산을 그런대로 유지하거나 더 키울 수도 있다. 그러나 전혀 고생을 하지 않은 3대에 이르러서는 인내하는 정신이 약해져 그 재산을 지키기 쉽지 않다. 물질적으로 너무 풍족하고 시련을 겪어보지 못한 손자는 인생의 풍파를 견뎌낼 불굴의 인내심을 갖고 있지 못하기 때문이다. 참을성이 없는 사람은 자신의 감정을 조절하지 못하고 큰 실수를 하게 된다. 이것은 역대 동서양 모든 왕조가 오래가지 못한 이유 중 하나다. 지금의 우리 사회 재벌 집단을 봐도 쉽게 알 수 있다.

---

2) 에머슨이 인용한 것은 조로아스터교의 창시자인 조로아스터(독일식 발음으로는 자라투스트라)의 말이다. 에머슨은 진리는 진리로 통한다는 정신으로 동서양 현자들의 말씀을 그의 글에 자주 인용했다. 그에게 중요한 것은 진실한 삶의 정신이지, 그 형식이 아니었다.

20

부채는 그것으로 인해 가장 고통받을 사람에게 가장 필요하다.

Debt . . . is needed most by those who suffer from it most.

⁞ 과도한 부채를 지니지 말라

불행한 자만이 행복의 진정한 의미를 알 수 있다. 마찬가지로
부채의 고통을 경험한 자만이 빚이 없는 것이 얼마나 행복한지를
알 수 있다. 빚을 지는 사람은 좋지 않은 생활 습관을 갖고 있다.
자신이 감당할 수 없는 일을 지나치게 벌인다거나 낭비벽과 같은
습관이 자신을 망친다. 그 나쁜 생활 습관을 고치기 위해서 필요
한 것으로, 그 빚의 고통만 한 것이 없다.

성공하는 사람에게는 성공하는 좋은 생활 습관이 있다. 그중에

서도 과도한 빚을 지지 않는 습관이 중요하다. 사업하는 사람에게는 부채도 자산일 수 있다. 그러나 그것도 적당한 정도가 있기 마련이다. 기업의 지나친 부채는 사회의 몫으로 되돌아오게 되고 많은 사람들에게 고통을 안겨준다. 국민의 세금으로 이루어진 국가 예산을 지나치게 차용하고, 심지어 그것을 능력이라고 자랑하는 사회 풍조가 있다. 그러나 에머슨은 개인의 잘못된 모든 행동의 결과는 결국 자신의 몫으로 돌아온다고 경고한다. 모든 고통은 자신이 만든 것이다.

21

인간이 되고자 한다면, 비순응주의자가 되라.

Whoso[3] would be a man, must be a nonconformist.

⋮ 조직에 순응하지 않는 자가 조직을 살린다

사회와 기업은 조직에 순응하는 자를 좋아한다. 그러나 역설적이게도 모든 조직은 삶의 진실을 망각하고 조직에 순응하는 자에 의해 망하게 된다. 모든 조직은 내부의 적으로부터 망한다. 순응주의자는 자신의 내면의 소리를 망각하면서 생명력을 상실하고 나아가 조직의 생명력을 소진시킨다.

조직이건 개인이건 진실이 중요하다. 비순응주의자는 기존의 가치 체계에 무조건 순응하지 않는다. 그는 상황의 진실을 말한다. 성공하려는 지도자에겐 진실을 말하는 비순응주의자가 옆에 있어야 오히려 안전하다. 비순응주의자는 조직의 부패를 막는 빛과 소금 같은 존재다. 조직 구성원의 개성을 충분히 살리는 조직만이 성공할 수 있다. 대제국이나 기업의 어려움은 조직의 탄력이 둔화되고 경직되면서 시작된다. 듣기 좋은 말만 하는 사람들이 주변에 많다면, 이것은 역으로 망조가 들었다는 증거다. 역사가 이것을 증명하고 있다. 현명한 사람은 자신에게 직언을 하는 사람을 옆에 둔다.

---

3) Whoever의 고어.

인
생

Ⅱ

우리를 제한하는 모든 것, 우리는 그것을 운명이라 부른다.

Whatever limits us, we call Fate.

⁞ 운명에 얽매이지 말라

에머슨에게 운명은 사주팔자를 의미하지 않는다. 운명은 우리
의 삶을 제한하는 생활 환경 전부를 의미한다. 삶은 모순되어 있
다. 모순된 삶의 환경과 가치들이 우리를 겹겹이 둘러싸고 있다.
이것은 사람들 각자가 서로 다른 세계관을 가지고 있고 다른 환
경 속에서 자신의 이익을 추구하기 때문에 일어나는 현상이다.

우리는 주어진 운명을 수용할 수밖에 없다. 현실을 부정하고
거부할 수는 없는 것이다. 그러나 그 운명에 종속될 수만은 더욱

없다. 우리는 한편으로 주어진 현실을 이해하고, 또 다른 한편으로는 주어진 운명을 극복하면서 더 좋은 삶을 창조해야 하는 모순 속에 존재한다. 이 모순을 해결하기 위해 에머슨의 초절주의는 수용과 초월의 양면적 움직임을 보인다. 운명을 수용하기만 한다면 짐승과 다를 것이 없고, 운명을 초월하고자만 한다면 사회에는 끝없는 갈등만이 존재한다. 수용과 초월이 적당히 균형을 이룰 때 운명은 조화를 이룬다.

23

우리는 기꺼이 정박하고자 하지만, 정박지는 유사지[流砂地[4]]다.

Gladly we would anchor, but the anchorage is quicksand.

● 끊임없이 변하는 삶을 받아들여라

세상에 변하지 않는 것은 없다. 영원한 변화라는 우주의 법칙은 인간의 삶에도 그대로 적용된다. 우리의 삶 또한 고정되어 있지 않다. 영원불변하는 사회는 불가능하다. 우리가 정박하고 있는 곳은 유사지와 같이 안정되어 있지 않다.

우리의 선택은 두 가지다. 하나는 그 변화의 물결에 매몰되어 휩쓸려 가는 것이고, 다른 하나는 그 변화에 능동적으로 대처하는 것이다. 에머슨의 선택은 후자다. 현명한 사람은 끊임없이 자신과 삶의 환경을 변화시킨다. 과거에는 변화가 느렸기 때문에 어느 정도 고정된 사회 환경을 만들 수 있었다. 그러나 지금은 변화 자체가 우리의 삶이 되었다. 삶의 진실도 환경이 바뀜에 따라 변하고 있다. 융통성 없는 세계관으로는 상반되고 이질적인 여러 가지 문화와 가치가 융합하고 새롭게 변하는 현실을 제대로 파악할 수 없다. 삶의 기술은 격랑 속에서 파도를 타고 즐기는 것에 있다.

---

4) 바람이나 물에 의해 아래로 흘러내리는 모래 지역.

24

이원론은 필연적으로 자연을 둘로 나눈다. 그래서 각각은
반쪽이며, 전체를 이루기 위해선 다른 반쪽이 필요함을 암시한다.

An inevitable dualism bisects nature, so that each thing is a half,
and suggests another thing to make it whole.

⫶ 상반된 반쪽이 모여 전체를 이룬다

여자와 남자가 인간을 이룬다. 낮과 밤이 하루를 이룬다. 들숨
과 날숨이 호흡을 이룬다. 밀물과 썰물이 파도를 이룬다. 이와 같
이 거의 모든 현상은 둘이 하나를 이루고 있고, 그 움직임은 작용
과 반작용으로 마주하는 두 힘이 전체를 이루고 있다.

우리 사회는 좌와 우가 모여 전체를 이룬다. 어느 한쪽도 다른
한쪽이 없다면 그 가치를 잃는다. 지금 우리는 다문화·다종교 사
회에서 살고 있다. 개인의 다양성과 사회의 통일성이 서로 대치

하고 있다. 그 상반된 힘이 서로를 인정하고 균형과 조화를 이루어야 안정이 가능하다.

에머슨은 삶의 실체를 파악하기 위해 분석적인 서양 사상과 직관적인 동양 사상을 통합하여 초절주의를 만들었다. 우리의 삶은 안과 밖, 위와 아래, 앞과 뒤가 서로 얽혀 있는 통합체이기 때문에 다양한 사상을 포용할 필요가 있었다. 에머슨에게 통합은 새로운 하나를 만드는 것이 아니고 개별성을 인정하여 부분과 전체의 조화를 아우르는 것이다.

25

세상은 전체를 이루고자 하며 분리되는 것을 거부한다. 그런데
우리는 부분적으로 행동하고, 나누고, 사유私有하려 한다.

Whilst[5] thus the world will be whole, and refuses to be disparted,
we seek to act partially, to sunder, to appropriate

∶ 인간의 모순을 극복하라

자연은 하나로 연결되어 있다. 자연에는 모든 생명이 함께 참
여하고 있다. 자연은 분리와 예외를 싫어한다. 인간도 자연의 일
부로서 자연의 법칙에서 예외가 될 수 없다. 그러나 인간은 자연
을 독점하고 인위적으로 이용하려 한다. 반친화적이고 반자연적
인 물질주의적 욕망으로 인해 인간은 생명 공동체를 파괴하고 있
다. 그리고 그 피해를 스스로 입고 있다. 생태 환경의 붕괴로 인
한 육체적 · 정신적 고통은 실로 치명적이다.

우리는 자연의 생태적 균형을 유지하면서 동시에 문명의 발전을 이루어야 하는 모순 속에 있다. 인간 사이의 관계도 이와 다르지 않다. 인간관계의 균형을 유지하면서 동시에 자신의 발전을 모색해야 한다. 자신의 미래를 설계할 때 작게는 가족과 지역 공동체, 크게는 세계 속에서 자신의 역할을 조율할 필요가 있다. 자기 자신도 전체 생명 공동체의 한 부분이기 때문이다.

26

동일한 이원론이 인간 본성과 조건의 근간이다.

The same dualism underlies the nature and condition of man.

⁝ 인간의 이중성을 이해하라

인간을 근본적으로 착하게 보는 맹자의 성선설性善說, 근본적으로 악하게 보는 순자의 성악설性惡說, 그리고 착한 것도 악한 것도 아니라고 보는 고자의 무선무악설無善無惡說에 이르기까지 인간 본성에 관한 다양한 주장이 있다. 에머슨은 인간이 선과 악을 동시에 지니고 있다는 양면적 시각을 갖고 있다.

선과 악을 결정짓는 조건은 사람들과의 관계가 형성하고 있는 상황에 있다. 그리고 그 상황은 다양한 조건들 사이에서 복잡하게 얽혀 있다. 인간관계 속에서 선과 악은 상대적 개념이다. 끊임없이 이것과 저것을 나누는 차별의식이 모든 관계의 균형을 깨는 요인이다. 이 관계의 모순을 어떻게 조화롭게 하느냐가 삶의 관건이다. 그 해결책으로 에머슨은 삶의 이중성을 이해하고 중도적 입장을 취한다. 그의 중도는 삶의 진실이다. 끊임없는 관계의 변화 속에서 실체적 진실을 찾으려는 노력이 우리 모두에게 필요하다. 눈앞의 작은 개인적 이익보다는 보다 큰 공동체적 선^善을 추구하는 것이 자신에게 이롭다. 타인을 이롭게 하는 것이 궁극적으로 자신을 이롭게 한다.

27

모든 정신은 자신을 위한 집을 짓지만,
그 후에는 집이 정신을 제한한다.

**Every spirit makes its house;
but afterwards the house confines the spirit.**

⦂ 정신과 형식의 모순을 받아들여라

인간의 모순은 육신을 부여받고 태어나는 순간부터 시작된다.
우리의 정신은 몸이라는 형체를 이루고 있어야 활동할 수 있다.
그러나 일단 정신이 몸에 자리를 잡는 순간 정신은 몸의 제약을
받는다. 정신이 몸을 지배하기도 하지만, 몸이 정신을 구속하는
것이다.

우리 삶의 조건도 이와 같다. 사회의 지배 정신은 그 정신에 맞
는 형식을 갖추고 사회를 구성한다. 그러나 시간이 지나면 사회

의 형식이 사회의 정신을 구속하기 시작한다. 또한 사회가 변하면 새로운 사회 정신을 필요로 한다. 이와 같은 과정에서 형식과 정신의 끝없는 갈등은 피할 수 없다. 정신과 형식의 끊임없는 갈등을 해소하려는 몸부림이 바로 인간의 모순된 운명이다.

에머슨은 끊임없는 자기 개혁을 요구한다. 형식의 감옥을 깨고 늘 새로운 삶의 진실을 추구하라는 그의 주장은 변화가 빠른 현대 사회에서는 그 의미가 더욱 크다.

28

영속성이란 정도를 의미하는 단어에 불과하다.

Permanence is but a word of degrees.

⦂ 영원한 것은 없다

세상에 영원한 것은 없다. 인류 역사를 보면 크고 작은 국가와 문명이 한 시대를 풍미했다. 그러나 정도의 차이만 있을 뿐, 영원한 시대는 없었다. 한때 전 세계를 통일할 것 같은 위세를 지녔던 로마제국, 몽골제국 등 동서양의 어떤 대제국도 통치 기간의 차이가 있을 뿐, 영원하지 않았다.

모든 유기체는 생로병사의 흐름에서 벗어날 수 없다. 또한 모든 조직은 이러한 유기체적 특성을 지닌다. 어떤 조직이 생기면

일정 기간 성장한다. 그러나 정점을 이루는 융성기가 지나면 서서히 퇴락의 길을 갈 수밖에 없다. 조직의 영속성은 단지 일정 기간의 정도를 의미하는 말일 뿐이다.

에머슨의 관점에서 보면, 영원한 것이 없고 끝없는 변화가 만물의 실상이라는 것을 아는 것이 무엇보다 중요하다. 자신이 소유한 것이 영원하지 않다는 의식을 갖는다면 그만큼 집착에서 벗어나 보다 큰 생명 활동에 참여할 수 있다.

29

물질이 말안장에 앉아,
인간을 몰고 있다.

Things are in the saddle,
And ride mankind.

⁝ 인간의 물화物化를 극복하라

산업혁명 이후 인류의 삶은 크게 바뀌었다. 과학 기술의 발달
로 기계 문명이 빠르게 발전했다. 그 덕분에 인간의 삶은 매우 편
리해졌다. 대량 생산과 분업이 가능해지고 대도시가 건설됐다.
그러나 그것은 전통적인 인간 삶의 터전인 땅을 필요로 하지 않
는 자본주의 체제를 만들어냈다.

인간은 점차 물화物化되기 시작했다. 주객이 전도된 상황이 벌
어졌다. 인간은 사라지고 기능적인 인간의 역할만 남았다. 물질

이 인간의 주인이 되어버린 것이다. 이러한 현상은 정보화 사회에 들어서도 크게 나아지지 않았다. 물질 대신에 정보가 그 자리를 차지할 뿐이다. 인간이 스스로 주인의식을 갖고 있지 않으면 어떤 첨단 사회가 오더라도 물화된 존재만 남게 된다.

인간의 물화를 극복하는 방법으로 에머슨은 우리에게 공동체 정신과 자립정신을 제시한다. 모든 생명이 커다란 공동체와 관련 맺고 있다는 생태적 자각을 통해 우리 모두가 하나라는 큰 위안을 얻고, 우리 스스로 능동적으로 삶을 개척하는 자립정신을 키워야 한다.

30

정치의 상당 부분은 생리적이다.

A good deal of our politics is physiological.

⁞ 마음이 젊은 사람은 영원한 청춘이다

정신은 몸에 의한 생리적인 영향에서 자유로울 수 없다. 한창 혈기 왕성할 때, 사람들은 대개 개혁적인 성향을 띠게 된다. 그러나 진보적인 사람도 기력이 떨어지면 보수적인 사람으로 변한다. 이러한 경향은 시대와 지역을 떠나 인류의 보편적인 생리적 현상이다. 나이가 들어도 젊은 시절의 개혁 정신을 지니고 있는 사람은 아직도 젊고 건강한 사람이라고 할 수 있다.

사회가 전반적으로 나이 들어가고 있다. 노인은 점점 늘어가고 있는 반면, 젊은이는 상대적으로 줄고 있다. 사회 건강을 위해서는 진보와 보수가 적당히 균형을 이루고 있어야 한다. 나이는 숫자에 불과하다. 청춘의 척도는 마음이다. 마음이 늙지 않는 사람은 영원한 청춘이다. 몸과 마음은 하나이기 때문에 생각을 젊게 가지면 몸도 젊어진다. 몸과 마음의 건강을 잘 관리하는 사람이 늘어날수록 조화로운 사회가 가능해진다.

31

자연의 섭리는 다소 거칠다.

The way of Providence is a little rude.

: 강한 정신과 부드러운 마음을 모두 지녀라

자연은 때로 메마른 대지에 생기를 불어넣는 봄비 같기도 하지만, 때로는 모든 것을 휩쓸고 지나가는 여름철 거센 폭풍우와도 같다. 자연의 섭리는 인간을 특별히 고려하지 않는다. 착한 자와 악한 자를 따로 구별하지 않는다. 아름다운 자연이 때로는 무서운 삶의 현실이 되기도 한다. 인간은 자연이 주는 축복에 감사하는 동시에 자연이 가하는 시련에 항거하며 살아간다.

우리 삶의 환경은 자연의 환경과 다르지 않다. 착하게만 인생을 살 수 없다. 물론 악하게만 인생을 살 수도 없다. 삶의 모순 속에서 인간은 강한 정신과 부드러운 사랑을 동시에 지녀야 한다. 때로는 거친 파도를 헤치고 나아가기 위해 불굴의 의지가 필요하다. 때로는 세상에 새로운 생기를 불어넣기 위해 사랑과 자비의 정신으로 나눔을 실천해야 한다. 무엇보다 거친 세상 속에서 균형과 조화를 유지하는 지혜가 필요하다. 강유剛柔를 겸비한 중도적 인재가 절실한 시대다.

32

사람이 땅을 소유하고 있다고 하지만,
실은 땅이 사람을 소유하고 있다.

If a man own land, the land owns him.

⁝ 허망한 인간의 소유욕을 극복하라

우리는 땅을 소유하고 있다고 말한다. 그러나 인간은 죽어서 땅으로 돌아갈 수밖에 없으니 오히려 땅이 주인이다. 에머슨의 시 〈하마트레이아Hamatreya〉의 일부인 〈대지의 노래〉를 들어보자.

대지의 노래

내 것 그리고 네 것.

내 것이지, 네 것은 아니라네.

대지는 지속하고

별들은 오래 머무르며—

오래된 바다에 빛을 내리지.

해변들도 오래되었지.

하지만 옛사람들은 어디에 있나?

난 많은 것을 보아왔지만,

그런 사람들을 전혀 보지 못했다네.

변호사의 권리 증서는

확실히 유효하지.

상속 한정에 있어서,

그들에게, 그리고

영구히

틀림없이

계승할

그들의 상속인들에게.

여기에 대지가 있다.

덤불이 무성하고

오래된 계곡이 있고

제방과 큰물도 있지.

하지만 상속인들은?—

파도의 포말처럼 사라졌구나.

변호사, 법률들,

그리고 왕국은

여기에서 깨끗이 사라져버렸구나.

그들은 나를 그들 것이라 불렀지.

그렇게 나를 지배했다네.

하지만 누구나

지속하기를 바랐지만, 이젠 사라지고 없다네.

그들은 나를 잡을 수 없고,

나는 그들을 소유할 수 있다면,

어째서 내가 그들 것이냐?

인간의 모든 비극은 자신이 뭔가를 소유한다는 착각에 있다. 사랑, 재산, 명예 그 어떠한 것도 영원히 소유할 수 없다. 모든 것은 여러 조건이 결합되어 나타난 일시적인 현상에 불과하다. 존재하는 시간의 차이가 있을 뿐, 모든 것은 결국 자연 속으로 되돌아간다. 집착과 소유욕을 버리는 만큼 자유로워진다.

33

자재自在[5]는 지고한 원인[6]의 속성이고, 그것이 보다 낮은 형태로
변하는 정도에 따라 선의 척도를 이룬다.

Self-existence is the attribute of the Supreme Cause, and it
constitutes the measure of good by the degree in which it enters
into all lower forms.

⦂ 삶의 모순을 극복하고 본성을 회복하라

자재自在함은 신의 속성이다. 생명의 근원은 자족적 영혼으로
스스로 존재한다. 성인聖人은 신의 속성을 지닌 존재다. 그러나 낮
은 단계로 갈수록 자재하는 능력과 도덕적 행위의 수준이 떨어진
다. 몸과 마음이 자연의 질서와 멀어질수록 우리의 삶은 조화와
균형을 잃고 모순된다. 영혼의 본성을 점점 상실하면서 자연의
생명력과 질서를 잃기 때문이다.

인간이 하는 모든 연구는 결국 인간과 관련된 것이고, 그 최종

목표는 인류의 안정된 번영과 평화를 위한 것이어야 마땅하다. 그리고 그 근간을 이루는 것은 보편적인 선善이다. 삶의 모순을 극복하고 조화와 균형을 회복하면 인류의 보편적 가치인 진선미 眞善美에 이를 수 있다. 도덕이 완성된 성인은 신의 속성인 자재함을 얻게 된다. 우리에게 무엇보다 중요한 것은 인성을 함양하는 도덕적 훈련이다.

---

5) 속박이나 장애가 없는 자유로운 상태.

6) 지고한 원인은 우주의 최초의 원인인 신적 존재를 지칭하며, 에머슨은 그것을 보편적 영혼, 대령 등으로 부른다. 또한 그것은 자연의 생명 활동을 추진하는 창조 정신이다.

34

위대한 것은 항상 오해받는다.

To be great is to be misunderstood.

⦂ 오해를 두려워 말라

보통 사람은 사회가 부여한 가치관의 고정된 틀과 관념 속에
산다. 그러나 위대한 사람은 사회의 가치관에 얽매이지 않는다.
그들은 자신의 생각과 신념대로 행동한다. 또한 변화하는 삶의
진실을 얘기한다. 역사상 위인은 항상 오해받으며 살았다. 피타
고라스, 소크라테스, 예수, 루터, 코페르니쿠스, 갈릴레이, 뉴턴 등
모두가 오해받았다. 석가, 노자, 공자 등도 한때 오해받았다. 그러
나 그들은 오해를 두려워하지 않고 진실을 얘기했으며, 마침내

사람들의 감응을 이끌어낼 수 있었다.

오해를 두려워하면 발전이 없다. 여론을 두려워하지 않는다면, 오해는 오히려 사람을 강하게 만든다. 반대로 칭찬은 인간을 나약하게 만든다. 칭찬이 최고의 처세로 꼽힌다. 하지만 마음속에서 진심으로 우러나오지 않는 가식적인 칭찬은 자신과 상대방 모두에게 독이 될 수 있다. 이 점에서 에머슨은 "비난이 칭찬보다 안전하다. 달콤한 칭찬의 말이 내게 쏟아지면, 나는 적 앞에 아무런 보호책도 없이 내던져진 사람과 같은 느낌이 든다"라고 말했다.

35

사회는 결코 진보하지 않는다.
한쪽이 전진하는 만큼 다른 한쪽이 빠르게 후퇴한다.

Society never advances.
It recedes as fast on one side as it gains on the other.

발전의 균형을 잡아라

사회는 파도의 일렁임과 같다. 올라가는 만큼 내려간다. 인간
사회의 발전은 직선적이지 않고 크게 원환을 그리며 나아가고 있
다. 물질문명이 발전할수록 인간은 정신문명을 상실하고 있다.
에머슨의 말처럼, "사회는 새로운 기술을 획득하고 오랜 본능을
상실한다".

전진과 후퇴는 인간의 모순된 운명이자 자연 법칙이다. 얻는
것이 있으면 반드시 잃는 것이 있는 법이다. 그동안 우리는 지나

치게 경제 발전을 애기하며 허겁지겁 달려왔다. 이제는 잃어버린 우리의 소중한 전통적 가치들을 되돌아볼 때다. 속도의 균형을 잡자. 지나치게 빠르게 앞으로 나아가면 그 반동도 크기 때문이다.

젊은이는 젊은 패기로 앞으로 나아갈 줄만 알고 뒤로 물러설 줄을 모르는 경우가 많다. 그러나 크게 도약하기 위해서는 크게 움츠리는 것이 물리의 법칙이다. 전진하는 용기와 후퇴하는 지혜를 겸비한 인재가 크게 성공한다.

36

삶은 부드러운 꿈과 격렬한 꿈 사이의 선택일 뿐이다.

It[Life] is but a choice between soft and turbulent dreams.

⦂ 운명은 깨어 있는 자의 몫이다

인생은 봄밤의 한바탕 꿈과 같다. 아무리 오래 살아도 일생을
마감할 때 지나간 시간을 되돌아보면, 아마도 일생은 순간에 불
과할 것이다. 또한 현실이 꿈인지 꿈이 현실인지 그 경계가 모호
하다. 다만 달콤하고 부드러운 꿈과 격렬하고 고통스러운 꿈이
있을 뿐이다. 달콤한 꿈은 찰나에 불과하다. 그러나 고통스러운
꿈은 길게 느껴진다.

인생에서 어떤 꿈을 꾸게 될지는 각자 자신의 의지와 선택에

달려 있다. 삶의 모순 속에서 스스로 운명을 개척하는 사람이 되자면 정신을 온전히 차리고 있어야 한다. 운명은 깨어 있는 자의 몫이다. 우리 모두는 잘났건 못났건 각자 나름의 인생을 가지고 있다. 자신의 능력 안에서 꿈을 키워가는 자가 현명하다. 자신의 영역에서 스스로 주인으로 사는 사람은 모든 생명의 망에 자신의 힘을 전달하는 것이다. 크건 작건 각자 삶의 영역에서 주체적으로 사는 자가 성공한 사람이다.

37

동정심이 많은 사람은, 물에 빠진 사람들 가운데 유일하게
수영을 할 줄 아는 사람이 갖는 딜레마에 놓인다.

A sympathetic person is placed in the dilemma of a swimmer
among drowning men, who all catch at him[.]

동정심만으로 세상을 구할 수는 없다

맹자는 남을 불쌍하게 여기는 마음이 어진 마음의 실마리가 된
다고 말했다. 동정심이 없는 세상은 지옥과 같을 것이다. 그러나
동정심만으로 세상을 구할 수는 없다. 선과 악이 혼재하는 삶의
모순 속에서 우리는 착하게만 살 수 없다. 물에 빠진 사람을 구하
기 위해서는 그 사람을 불쌍히 여기는 동정심과 더불어 지혜가
필요하다. 단순한 동정심으로 손을 내밀었다가는 같이 익사하고
말 것이다. 구하는 타이밍이 중요할 것이고, 근본적으로는 구명

조끼를 구비하거나 수영하는 법을 먼저 가르쳤어야 한다.

사회적 약자나 병자를 구하는 것에 대한 근본적인 해결책은 그 근원을 치유하는 것이다. 단순한 동정과 지원은 그 병든 구조를 더욱 악화시킬 뿐이고 결국 모두가 공멸할 수밖에 없다. 현명한 의사는 병들고 위험한 곳에서 나오는 방법을 알려준다. 사회적 지원책에 대대적인 개선이 필요하다.

인간은 영광의 불가능태態[7]와 같은 존재다.
인간이 걸어야 할 길은 한 치의 폭도 안 된다.

A man is a golden impossibility.
The line he must walk is a hair's breadth.

⁚ 인식의 한계를 극복하라

기독교에서는 하나님을 빛으로 묘사한다. 불교에서는 부처님을 광명光明이라 하고 중생을 무명無明이라 한다. 하나님과 부처님은 세상을 밝은 빛으로 비추어 보기 때문에 전지전능全知全能하다. 인간에게도 성령聖靈과 불성佛性이 있어, 본성적으로 신적 존재의 영광을 스스로 구현하고자 한다. 그러나 인간의 인식은 한계가 있기 때문에 그 시도는 처음부터 불가능성을 내포하고 있다. 그래서 에머슨은 인간을 '영광의 불가능태'와 같다고 말하고 있다.

우리가 하늘의 영광을 구현하고자 한다면 인식의 한계를 깨부 쉬야 한다. 의식이 깨지 않으면 우리가 갈 수 있는 길에는 한계만 이 있다. 그러나 의식이 해방되면 삶의 모순에 얽매이지 않고 어디든 자유롭게 갈 수 있다. 도道를 증득했다고 말할 때 그 도는 삶의 이치를 깨달아 우리가 가야 할 길을 밝게 안다는 것을 말한다. 밝게 알기 위해서는 먼저 자신의 의식을 해방해야 한다.

---

7) 신의 영광을 지닌 본성과 그것을 구현할 수 없는 특성을 동시에 지닌 모습이라는 뜻.

삶은 변증법이 아니다.

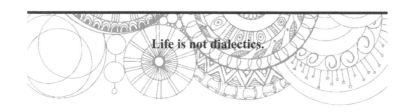

Life is not dialectics.

⁞ 삶은 논리가 아니다

우리는 논리대로 살 수 없다. 수학적 논리는 변하지 않는 고정된 상황을 전제로 한다. 그러나 삶은 한 순간도 고정되어 있지 않다. 그것도 수많은 존재와 관계를 맺거나 해체하면서 변하고 있다. 또한 그 수많은 관계의 변화가 모순된 상황을 연출하기도 한다. 따라서 어떤 논리도, 표현도 모순된 삶의 이중성을 전부 설명할 수 없다.

다양한 인간의 삶을 가장 방대하고 친절하게 설명한 것으로는 석가의 8만4천경이 있다. 그러나 석가는 49년간 설법을 한 후에 열반하기에 앞서 일찍이 한 번도 설한 바가 없다고 했다. 삶의 신비를 말로 다 표현할 수 없고, 사람들이 말에 집착해서 진실을 곡해할 수 있기 때문이다. 그래서 수많은 종교는 그 신비를 신적 존재에 대한 믿음으로 돌린다. 답을 하지 않음으로써 답을 하는 방식이다.

에머슨의 철학은 논리적인 철학이 아니라 삶의 철학이다. 그에겐 상황의 진실이 중요하다. 삶의 진실은 그때그때 상황에 따라 다를 수밖에 없다.

40

그대의 모든 현학적 지식을 제쳐둬라.
신은 그대의 가슴속에 모든 것을 숨겨두었다.

Leave all thy pedant lore apart;
God hid the whole world in thy heart.

본성은 지식을 압도한다

지식은 우리가 살아가는 데 필요한 삶의 틀을 제공한다. 우리 모두는 각자 자신의 틀 속에서 삶을 재구성하고, 그 삶의 테두리 안에서 살고 있다. 지식은 인생의 좌표와 같다. 그러나 지식으로는 도저히 알 수 없는 본성이 있다. 우주의 본체와 연결되는 그 본성은 우리의 의식 저 너머에 있는 무의식 속에 자리하고 있다.

우리는 의식과 무의식 사이에서 살고 있다. 우리는 한편으로는 의식의 세계를 확장하고, 다른 한편으로는 무의식의 세계를 탐구해 들어가야 한다. 삶의 모순 속에서 우리는 끊임없이 옛 지식을 버리고 새로운 지식을 얻는 과정을 반복할 수밖에 없다. 운명의 모순은 오히려 인간에게 발전의 기회를 준다.

에머슨은 신의 본성이 우리의 내면에 있다고 본다. 그는 본성을 찾기 위해 밖으로 헤매지 말고 자기 안에서 찾을 것을 주문한다. 무의식을 깨우는 좋은 방법은 적당한 휴식에 있다. 가벼운 산책을 통해 우리는 문득 새로운 아이디어를 발견하게 된다. 실제 역사상 많은 발견이 실험실이나 서재가 아닌 휴식하는 중에 이루어졌다.

지
혜

III

인간사, 즉 운명과 자유와 선견지명이라는 오래된 매듭을 푸는
하나의 방법이자 해법은 이미 존재한다.
바로 이중 의식을 갖는 것이다.

One key, one solution to the mysteries of human condition,
one solution to the old knots of fate, freedom, and foreknowledge,
exists; the propounding, namely, of the double consciousness.

፥ 삶의 양면을 총체적으로 이해하라

자연 만물은 암컷과 수컷, 음과 양처럼 이원적 구조의 쌍으로
이루어져 있다. 양극적 모순이 자아내는 작용과 반작용의 보상
작용을 통해 자연은 끊임없이 변화하며 생태적 균형을 이루어나
간다. 자연 만물에서 볼 수 있는 양극적 특성은 인간의 삶에도 존
재한다. 삶의 모든 영역에서 선과 악, 행복과 불행이 서로 상대하
며 공존하고 있다.

에머슨은 삶의 모순을 현명하게 헤쳐나가기 위한 비결로 양면

적 사고인 이중 의식을 제안하고 있다. 그의 이중 의식은 이중적 잣대로 세상을 평가하는 것이 아니다. 그것은 삶의 양면을 총체적으로 바라보고 삶의 '객관적 진실'을 찾는 지혜의 눈을 의미한다. 에머슨이 말한 삶의 기술로서 이중 의식은 결국 실제적 삶의 모순을 원숙하게 헤쳐나가기 위한 실용주의적 중도의 지혜다. 실제적 삶과 삶의 순간은 왼쪽과 오른쪽, 앞과 뒤, 위와 아래가 하나가 되어 온전한 전체를 이루어가는 과정이다. 따라서 좌우, 전후, 그리고 상하를 동시에 바라보는 이중 의식이 필요하다.

42

우리 존재의 중간에는 중도의 영역이 존재한다.

The middle region of our being is the temperate zone.

⁝ 중도가 많아야 사회가 안정된다

삶의 진실은 극단을 피하고 중간 지대로 이르는 중도에 있다. 또한 중도적 진실은 상황에 따라 변한다. 중도는 수학적인 중간, 즉 한가운데를 의미하지 않는다. 중도는 왼쪽과 오른쪽이 만나고, 위와 아래가 만나며, 앞과 뒤가 만나는 삶의 교집합이다. 중도는 모든 생명의 흐름이 만나는 중립 지역이다. 생명의 움직임에 따라 좌우, 상하, 그리고 전후의 위치가 상대적으로 바뀌면서 균형을 잡는다.

중도 세력이 많은 사회는 안정적이다. 중도 세력은 배의 평형수와 같은 존재다. 사회가 지나치게 왼쪽으로 기울면 오른쪽에 힘을 주고, 오른쪽으로 기울면 왼쪽에 힘을 보태 전체적인 균형을 잡는 세력이다.

개인의 인생행로에도 중도적 균형이 필요하다. 지나치게 한쪽으로 편향된 사고방식은 자신의 균형을 무너뜨릴 수 있다. 다양한 문화와 가치가 혼재한 현대 사회에서 중도적 균형은 사회의 평화와 개인의 행복을 위해 모두 필요한 덕목이다.

진정한 삶의 기술은, 우리가 살고 있는 표면 위에서,
스케이트를 타고 미끄러져 나가듯 사는 것이다.

We live amid surfaces,
and the true art of life is to skate well on them.

⦙ 스케이트를 타듯 삶에 임하라

에머슨이 예로 든 스케이팅은 상황의 중도를 가장 잘 표현한 말
이다. 삶은 미끄러운 빙판을 달리는 것과 같다. 빨리 앞으로 나아
갈 때는 좌우 균형을 잘 잡으며 나아가는 스피드 스케이팅과 같
다. 때로 왼쪽으로 때로 오른쪽으로 돌며 나아갈 때는 피겨 스케
이팅과 같다. 장애를 만나면 급격히 왼쪽으로 틀어 나아가기도 하
고, 반대로 급격히 오른쪽으로 틀며 나아가기도 한다. 좌우의 치
우침이 없이 한가운데 있다는 것은 사실상 멈춰 서 있는 상태다.

개인의 발전도 이와 같다. 개인이 발전하기 위해서는 좌우의 균형을 잡으면서 앞으로 나아갈 수밖에 없다. 삶이라는 미끄러운 빙판 위에서 균형을 잡고 삶의 모순을 잘 헤쳐나간다면, 조화롭고 아름다운 삶을 만들어갈 수 있다. 아름다운 삶의 미학을 이루고자 한다면 먼저 마음을 열고 높은 견지에서 세상을 넓고 깊게 멀리 바라보는 훈련이 필요하다. 젊은이에게 세상은 자신을 단련시키는 훈련장 그 자체라고 할 수 있다. 좌절하지 않고 참고 이겨내어 삶의 기술을 터득하면 세상은 자리를 내어줄 것이다.

동일한 추세는 모든 다양성들을 하나로 통합한다. 일등 항해사의 배는 지그재그로 방향을 바꾸며 항해한다. 그러나 충분한 거리를 두고 항로를 보면, 평균 추세는 직선으로 뻗어 있다.

One tendency unites them[varieties] all. The voyage of the best ship is a zigzag line of a hundred tacks. See the line from a sufficient distance, and it straightens itself to the average tendency.

⦂ 오해는 진실한 삶 앞에 무릎 꿇는다

삶의 궤적 전체는 진실한 삶을 투영한다. 삶의 목표를 향해 나아가는 과정에서, 누구나 수많은 난관에 부딪힌다. 그 난관을 피하기 위해 때론 왼쪽으로 때론 오른쪽으로 방향을 바꿀 수밖에 없다. 불가피하게 좌우의 모순을 이루는 삶의 순간이 항상 존재한다. 그 과정에서 삶의 진실은 늘 새로운 모습을 띠게 마련이다.

유동적인 삶 속에서 진실을 찾아가는 과정은 마치 일관성이 없어 보인다. 그러나 이는 범선의 항해와 같다. 범선은 바람을 이용하여 지그재그로 나아가며 목표 지점을 향해 항해한다. 삶에서 중요한 것은 범선의 목표 지점에 해당하는 삶의 방향성이다. 진실한 삶을 살고자 하는 동일한 흐름은 모든 오해를 풀고 비일관성을 보상한다. 에머슨에게 동일한 흐름은 삶의 진실이다. 삶의 진실을 향한 동일한 움직임은 세상의 모든 오해와 모순을 풀고 진리의 세계로 안내할 것이다.

45

어리석은 일관성은
정치인과 철학자, 신학자가 숭배하는 옹졸함에 불과하다.

A foolish consistency is the hobgoblin of little minds,
adored by little statesmen and philosophers and divines.

⦂ 지나친 일관성은 오히려 어리석다

행정 처리나 정책 결정 과정에서 우리는 일관성의 폐단을 가장
극명하게 목격한다. 정치인은 정책을 입안할 때, 삶의 현실을 무
시하고 책상 위에서 문제를 보고 해결책을 제시한다. 삶의 현실
과 동떨어진 사람들에 의해 만들어진 정책이 종종 사회의 요구라
는 이름으로 일관되게 추진되곤 한다. 그러나 삶의 진실은 일관
된 논리 체계로 설명되지 않는다. 어떠한 정치 이념, 사상, 신학도
삶의 모순을 다 설명할 수 없다. 일관성은 편을 가르고 끼리끼리

세력을 형성하는 데 이용되는 경우가 더 많다.

역사상 위대한 사람들은 사회의 일관된 가치 체계에 얽매이지 않았다. 그들은 자신이 옳다고 믿는 것을 떳떳하게 밝히고 행동했다. 공자, 석가, 예수도 사회적 통념이 아닌 자신의 믿음을 얘기했다. 그들은 일관되지 않았다. 그때그때 상황에 맞게 진실을 말했을 뿐이다. 개인마다 삶의 환경이 다르고 성향이 다르다. 또한 정치 집단이나 이익집단이 추구하는 방향도 다르다. 따라서 개인 간, 집단 간의 충돌을 부드럽게 해결하기 위해서는 일관성보다는 조화와 균형의 정신이 더 필요하다.

지나친 지혜는 현명한 사람도 바보로 만든다.

The wise through excess of wisdom is made a fool.

⁝ 지나침은 부족함과 같다

조화로운 처세의 미학은 비움과 채움의 중도에 있다. 과유불급 過猶不及[8]은 중용을 의미한다. 어리석음도 문제지만 똑똑함이 지나쳐도 자신의 꾀에 스스로 당하기 마련이다. 인간의 인식 능력에는 한계가 있다. 모든 상황을 고려하는 중도적 지혜가 필요하다. 중도적 지혜는 단순히 지식을 쌓아두는 것이 아니라 그것을 상황에 맞게 활용하는 것이다. 『채근담』에서는 중도적 지혜를 명쾌하게 설명하고 있다.

한 말짜리 그릇에는 아홉 되쯤 담는 것이 좋다.

가득 채우면 자칫 그릇을 깨게 되리라.

모든 일에는 어느 정도 여백을 남겨두는 것이 좋다.

화나는 일 있어도 화난 감정을 다 쏟지 말 것이며,

정당한 말이라도 적당히 말하고 여운을 남겨두어라.

---

8) 『논어(論語)』 선진편(先進篇)에 나오는 공자의 말로, 지나친 것은 부족한 것과 같다는 뜻이다. 중용 (中庸)의 중요성을 말하고 있다.

47

지혜의 원칙은 기억에만 의존하지 않고,
과거를 현재로 가져와 무수한 눈이 지켜보는 앞에서 판단하며,
항상 새로운 하루를 사는 것이다.

It seems to be a rule of wisdom never to rely on
your memory alone, ... but to bring the past for judgment
into the thousand-eyed present, and live ever in a new day.

현재를 살아라

인생에는 과거와 현재와 미래가 있다. 그러나 우리는 현재에
살고 있다. 우리는 과거로 되돌아가서 살 수 없고, 미래를 앞질러
살 수도 없다. 매일매일이 새로운 하루다.

오늘 속에 어제와 내일이 함께 있다. 어제의 기억이 오늘 속에
남아 있고, 내일의 희망이 오늘 속에서 싹트고 있다. 하루를 지혜
롭게 살기 위해서 우리는 현재를 중심으로 과거와 미래의 관계를
판단하고 행동해야 한다. 어리석은 자는 어두운 과거의 기억을

더듬거나 공허한 미래를 꿈꿀 뿐이다. 현명한 자는 항상 현재를 산다.

자신의 아픈 과거를 지우고 밝은 미래를 설계하는 비결은 바로 현재를 잘 사는 데 있다. 오늘 할 일을 내일로 미루지 말고 순간순간을 진실하게 산다면 오늘이 영광스러운 과거가 되고 오늘이 찬란한 미래가 되어 인생 전체가 하나의 걸작이 될 것이다. 어떤 인생 작품을 만들지는 바로 자신의 현재 선택에 달려 있다.

48

지금 이 순간을 완성하고, 인생행로의 모든 걸음에서 삶의 목적을 찾으며,
최대한 좋은 시간을 가져라. 그것이 바로 지혜다.

To finish the moment, to find the journey's end in every step of
the road, to live the greatest number of good hours, is wisdom.

⦂ 현재의 관계 속에서 순간을 성실하게 채워라

'지금 여기'의 이 순간을 진실하게 채울 수 있는 일이 있다면
행복하다. 그 일이 생계를 위한 것이든, 놀이나 휴식을 위한 것이
든, 그것은 부차적인 문제다. 하루의 시간을 알맞게 채우기 위해
서는 할 일과 쉴 시간이 균형을 이루어야 한다. 능력에 맞게 하루
에 할 일을 정해서 하고, 체력에 맞게 휴식을 취해야 몸과 마음에
무리가 없다. 부족함은 나태를 부르고 지나침은 몸과 마음을 해
친다. 일과 휴식이 균형을 이루는 가운데 하루를 채우면, 건강과

행복과 성공이 뒤따라온다.

인간은 사회적 동물이다. 그러나 인간은 홀로 왔다가 홀로 갈 수밖에 없는 존재이기도 하다. 이 모순 속에서 삶의 목적을 찾고 행복한 시간을 보내기 위해서는 개인적 삶과 사회적 삶을 조화롭게 유지해야 한다. 모든 사람과의 관계와 그 변화의 순간 앞에서 진실하라. 그래야 삶을 완성하고 인생의 목적을 발견할 수 있다.

주어진 현실 속에서 삶의 목적을 가장 이상적으로 성취하기 위해 현재의 시간을 중시하는 에머슨의 사상은 미국의 실용주의적 전통이기도 하지만, 동서양의 공통된 덕목이자 지혜다.

49

비록 그녀를 그대 자신처럼 사랑한다 할지라도,
보다 순수한 흙으로 된 존재로서 그랬다 할지라도,
비록 그녀의 이별이 대낮을 어둡게 하고,
살아 있는 모든 것으로부터 아름다움을 뺏을지라도,
충심으로 알지어다.
반신半神들이 가면, 온전한 신神들이 도착함.

Though thou loved her as thyself,
As a self of purer clay,
Though her parting dims the day,
Stealing grace from all alive;
Heartily know,
When half-gods go,
The gods arrive.

⁝ 사랑하되 집착하지 말라

연애를 속된 말로 청춘 사업이라 한다. 청춘들에게 남녀 간의
사랑은 일생일대의 중요한 사업으로 간주된다. 사랑도 기술이 필
요하다. 에머슨에게 사랑의 기술은 인생의 처세와 같다. 사랑은
청춘을 사로잡는 신과 같으므로 사랑이 찾아오면 거부하지 말고

모든 것을 바치라고 한다. 사랑의 달콤함과 고통을 통해 청춘은 굳센 용기를 얻게 되고 보다 성숙한 인간이 된다.

그러나 세상에 영원한 것이 없듯이 남녀 간의 사랑도 영원하지 않다. 어두운 이별의 그림자가 드리울 때 어찌해야 할까? 에머슨은 자유로움을 유지하라 충고한다. 떠나가는 사람을 잡으려 하지 말고 놔두라. 아니면 창백한 장미의 가시에 찔릴 수도 있다. 한 가지 재미있는 것은 에머슨에게 사랑은 하나가 아니라는 점이다. 떠나가는 사랑은 반신이고 앞으로 오는 사랑은 온전한 신이다. 사랑의 신이 하나가 아니라는 것이 인생의 아이러니다. 최선을 다하되 집착하지 않는 것이 에머슨의 사랑관이다.

스스로 돕는 사람은 언제나 신과 사람 모두에게 환영받는다.

Welcome evermore to gods and men is the self-helping man.

: 스스로 돕는 자가 힘을 얻는다

신은 스스로 돕는 자를 돕는다. 그런데 이 말을 뒤집으면 신은 아무도 돕지 않는다는 말이 된다. 자신의 운명은 자신이 만든다. 누구도 자신을 대신할 수 없다. 스스로 힘을 내는 사람이 힘을 얻는 법이다. 자립하는 것이 모든 처세의 바탕이다. 스스로 자기 운명의 주인이 되지 않는다면 자신의 능력과 개성을 충분히 발휘할 수 없다. 스스로 성실하게 노력하는 사람은 그 결실을 맺게 된다.

만약 자신을 자신 밖에서 찾는다면, 안락한 마음의 고향을 떠나 영원히 황량한 들판을 헤맬 수밖에 없다. 다른 사람이 자신의 인생을 주관하지 않는다. 모든 것은 이미 자신 안에 구족되어 있다. 중요한 것은 먼저 자신이 삶의 의지라는 심지에 불을 붙여야 한다는 점이다. 그리고 진실하게 노력하면 진실한 사람들이 그 주변에 모이게 된다. 사람들의 뜻이 하나로 모이고 적절한 환경이 주어지면 하늘의 섭리에 따라 그 불이 활활 타오르게 된다. 모든 일의 시작은 바로 자기 자신이다.

51

운명을 올바르게 사용하는 것은
우리의 행동을 자연의 고상함으로까지 끌어올리는 것이다.

The right use of Fate is to bring up our conduct
to the loftiness of nature.

⦂ 운명의 고통은 인간을 성숙시킨다

자연自然은 말 그대로 '스스로 그러한 것'이다. 따라서 자연은
모든 생명이 조화와 균형을 유지하며 스스로 그러한 자연 법칙
에 의해 유지되고 있다. 모든 생명은 자연 질서에 순응하며 산
다. 그러나 인간은 자연의 질서를 무시하고 자신의 뜻대로 살고
자 한다.

생명의 질서를 무시하는 인간에게 주는 운명의 시련은 가혹하
다. 그 고통으로 인간은 단련되고 깨닫는다. 인간은 자연 법칙에

눈뜨고 그 질서를 배운다. 운명의 고통은 인간을 각성시키는 촉매제 역할을 하고 있는 셈이다. 날카로운 돌이 비바람 맞고 다른 돌과 부딪치며 둥글고 원만해지듯이, 점차 인간의 행동은 성숙한 도덕道德을 갖추게 된다.

도덕은 도道와 덕德을 합친 말이다. 도는 자연의 이치이자 진리이고, 덕은 그 이치의 작용이자 발현이다. 에머슨도 자연의 이치를 인간의 도덕률에 적용했다. 위대한 인간은 자연의 이치를 현실에 구현한 사람이다. 따라서 운명의 모순을 극복한 위대한 행동이 발현되면 자연과 인간이 하나가 되어 진리가 드러난다.

52

우리가 폭력적이고 잔혹하다면,
운명 역시 폭력적이며 끔찍한 모습이 된다.
우리가 세련되면, 우리를 방해하는 모든 것도 세련되게 바뀐다.

If we are brute and barbarous, the fate takes a brute and
dreadful shape. As we refine, our checks become finer.

⦂ 운명은 자신의 태도에 달려 있다

운명을 대하는 생각과 태도가 바로 운명이 된다. 우리가 사납게 운명에 맞서면 운명은 거칠게 작용한다. 우리가 지혜롭게 운명을 대하면 운명은 부드러워진다. 에머슨이 말하는 삶의 기술은 단순히 도식화된 처세론이 아니다. 그것은 삶의 철학이다. 그 철학에는 인문학적 사고와 자연과학적 분석, 서양의 이분법적 사고와 동양의 통합적 사고, 강한 정신력과 부드러운 태도, 전진과 후퇴 등의 상반된 정신과 철학이 들어 있다.

운명은 다소 거친 현실이다. 그 속에서 우리가 할 수 있는 최선의 방법은 운명을 역이용하는 것이다. 운명과 싸우기보다는 운명을 다루는 기술을 배우는 것이 현명하다. 우리가 삶의 기술을 익힌다면 운명의 거친 풍랑을 타고 서핑을 즐길 수 있다. 삶의 기술은 모순된 현실을 현명하게 다루는 태도에 있다. 우리가 세련되게 삶을 다루면 삶도 세련된다. 하지만 한 송이 꽃이 피기까지 수많은 자연 현상들이 있듯이, 세련된 삶의 기술은 다양한 경험과 공부를 통해 이룩된다.

53

도둑은 자신에게서 훔치며, 사기꾼은 자신을 속인다.

The thief steals from himself. The swindler swindles himself.

⦙ 생명의 망에서 속이는 것은 불가능하다

모든 생명은 거대한 하나의 공동체를 이루고 있다. 인간도 예외 없이 그 공동체에 속한다. 그저 그것을 깨닫지 못하고 있을 뿐이다. 도둑이 다른 사람에게서 물건을 훔치는 것은 자신의 커다란 삶에서 자신의 삶 일부를 훔치는 것과 같다. 사기꾼은 남을 속이고자 하지만 결국 자신의 삶을 기만하게 된다.

우리는 공동체 속에서 생명의 줄로 연결되어 있다. 우리 모두가 하나다. 하나로 통합된 생명의 망 속에서 다른 사람을 속이는 것은 결국 자신을 속이는 결과를 가져온다. 그것은 에머슨의 말처럼, "마치 어떤 것이 존재하는 동시에 또한 존재하지 않는 게 불가능한 것과 같은 이치다".

주는 대로 받게 되는 것이 우주의 섭리다. 그래서 모든 일은 시작한 대로 끝난다고 한다. 세상을 바로 보고 성실한 계획과 노력으로 미래를 준비하며 현재를 열심히 사는 사람은 그에 합당한 결과를 이루게 된다. 사기나 사업 실패를 남의 탓으로 돌리는 경우가 많다. 하지만 엄밀해 보면, 그 원인이 되는 마음이 이미 자신의 마음속에 있었던 것이다.

54

경험이 많은 사람은 세상을 살아가면서 응분의 대가를
지불하는 것이 가장 현명하며, 사소한 것을 아끼다가
종종 비싼 대가를 치르게 된다는 사실을 잘 알고 있다.

Experienced men of the world know very well
that it is best to pay scot and lot as they go along,
and that a man often pays dear for a small frugality.

:정당한 노력과 대가를 지불하라

최고의 제품을 만들려면 그 분야에서 최고의 기술을 습득하면
된다. 만약 그럴 수 없다면 최고의 인재를 고용하면 된다. 최고의
인재를 고용하려면 최고의 대우를 해야 한다. 사소하게 임금을
아끼면 좋은 인재를 고용할 수 없고 좋은 제품을 만들 수 없다.
결국 그 손해는 자신에게 돌아온다. 어떤 것이든 정당한 값을 치
르는 것이 합리적인 결과를 가져오기 마련이다.

우리는 살면서 많은 부탁을 하고 받는다. 하지만 돌이켜 보면

어떤 부탁은 종종 비싼 대가를 치르기도 한다. 부탁이 때로는 뇌물로 이어질 수도 있다. 특히 정치, 경제, 행정 등 전체 국민의 이익과 관련된 문제에서는, 뇌물로 인해 가장 비싼 대가를 치르곤 한다. 세상에 공짜는 없다. 개인적인 거래에서도 마찬가지다. 거래 당사자 간에 한쪽이 손해를 본다고 생각한다면 그 사람은 손해를 만회하기 위해 틀림없이 다른 방법을 강구한다. 결국 그 피해는 스스로가 입게 된다. 언제나 정당한 노력과 대가를 지불하라.

55

부당한 일을 하면 반드시 부당한 일로 고통받는다.

You cannot do wrong without suffering wrong.

⁑ 모든 것은 스스로 만든다

예수의 '산상수훈Sermon on the Mount' 중에 다음과 같은 말이 있다.

Do for others what you want them to do for you.
　무엇이든지 남에게 대접을 받고자 하는 대로 너희도 남을 대접하라. 〈마태복음 7장 12절〉

석가의 설법 중에 다음과 같은 말이 있다.

自業自得(자업자득)

모든 것은 내가 지어서 내가 받는다. 『인과경因果經』

예수와 석가의 가르침은 모두 원인에 따른 결과를 얘기한다. 결국 스스로 행한 바대로 대접받는다. 모든 것은 스스로 만든 것이다.

요행을 바라는 사람이 의외로 많다. 그러나 세상에 요행은 없다. 우연한 행운에도 보이지 않는 원인이 존재한다. 노력이 들어가지 않은 행운은 오히려 자신에게 독이 될 수도 있다. 복권 1등에 당첨된 사람들 중에 오히려 그 일로 패가망신한 경우가 많다는 사실은 좋은 예가 된다. 불교에서는 현재 좋지 않은 행실에도 불구하고 행복을 누리는 자가 있다면, 그것은 전생에 지은 복 때문이고 현재의 죄과는 다음 생에 받게 된다고 한다. 인과의 법칙이 우주를 지배한다.

56

진실하게 살아야 진실하게 볼 수 있다.

If we live truly, we shall see truly.

┆ 진실한 사람만이 진실을 볼 수 있다

성실하게 노력하고 진실하게 산다면 특별한 꾀를 부릴 필요가
없다. 진실은 모순이 가득 찬 삶의 모든 오해를 풀기 때문이다.
잔꾀는 또 다른 잔꾀를 부르고 결국 자가당착에 빠지게 될 뿐이
다. 최고의 삶을 위한 기술은 진실이다. 정직이 최고의 방책이다.
진실하게 사는 사람은 삶의 진실을 볼 수 있는 지혜로운 눈이 생
긴다.

능력에 맞지 않는 목표를 세우고 사는 사람이 많다. 예를 들어

대학의 학과를 선택할 때 자신의 능력에 맞지 않는 전공을 선택하고 나중에 후회하는 경우를 많이 본다. 욕심은 많고 능력은 부족하다. 게다가 성실한 노력도 없고 진실하지도 않다. 이런 현상은 기성 사회의 책임이기도 하다. 성실한 과정을 무시하고 결과만을 중시하는 사회 풍조는 헛된 야망을 꿈꾸는 청춘을 양산한다. 이 때문에 세상에 권모술수와 편법이 무성하다. 진실하지 않은 사람은 진실과 거짓을 구별하지 못한다. 진실한 사람은 진실한 사람과 관계를 맺을 기회가 많고, 결국 그의 삶 전체가 진실해진다.

57

세상은 순환한다. 의심치 말라.
예전의 일이 다시 일어난다.

The world rolls round, —mistrust it not,—
Befalls again what once befell.

: 변화의 흐름을 읽어라

자연의 변화는 크게 순환하며 원환을 그린다. 하루는 아침, 정오, 오후, 저녁으로 순환한다. 한 해는 봄, 여름, 가을, 그리고 겨울로 순환한다. 천체는 큰 주기를 이루며 돈다. 우주는 생성되고成, 존속하고住, 무너지고壞, 결국 공空의 상태로 되돌아가는 것을 반복하고 있다. 이것은 피할 수 없는 물리의 법칙이다.

인간의 역사도 크게 보면 순환하고 있다. 인류의 문명 중심지가 동서로 순환하며 이동하고 있다. 인간의 삶도 일정한 패턴을 보이며 순환한다. 비록 모든 것은 변하지만, 그 변화에는 일정한 법칙이 있다. 노자는 이 자연의 변화 원리를 『도덕경道德經』에 풀어놓았다. 공자는 그 이치를 삶의 질서로 설파했다. 우리가 역사를 배우는 것은 현재 속에 반복되는 역사의 흐름이 있기 때문이다.

변화의 흐름에 눈을 뜨게 되면 삶의 모순을 헤쳐나가는 혜안이 생긴다. 인생을 설계할 때에는 멀리 미래를 보고 시작해야 한다. 지금 당장 인기 있는 직종이 아니라 최소한 10년을 내다보고 자신의 직업을 선택하는 것이 현명하다. 직업도 세상의 변화에 따라 성주괴공成住壞空을 반복하기 때문이다. 현대 사회는 변화가 빠르기 때문에 직업 선택에도 사회의 변화 흐름에 주의할 필요가 있다.

삶은 그 자체가 힘과 형식의 혼합물이다.
둘 중 어느 하나가 조금이라도 과도해지는 걸 견디지 못한다.

Life itself is a mixture of power and form,
and will not bear the least excess of either.

삶은 내용과 방식의 조화로 이뤄진다

힘은 내용이고 형식은 방식이다. 삶의 내용에 따라 그 방식이
정해진다. 내용과 방식 중에 어떤 것이 중요한가에 대한 논의는
닭과 달걀 중에 무엇이 먼저인가에 대한 논쟁과 같다. 삶의 내용
과 방식 모두가 중요하다. 때로는 내용이 방식을 결정하고, 때로
는 방식이 내용을 구속하기도 한다. 이 때문에 삶의 내용과 방식
모두가 절묘한 조화를 이뤄야 한다.

사회마다 개인마다 삶의 내용과 방식이 다르다. 따라서 사회와

개인에게 맞는 균형을 이루는 상황은 다르다. 그러므로 로마에 가서는 로마의 법도를 따르는 것이 이치에 맞는 법이다. 다만 어떤 사회나 개인이든 내용이나 방식 중에 어느 한쪽으로 지나치게 치우치면 균형을 깰 수 있다. 예를 들어 지나치게 성리학에 치우친 유교는 충효忠孝를 너무 경직된 형식으로 만들었다. 충효의 내용과 형식이 시대의 흐름에 맞춰 서로 조화를 이루어야 그 의미가 살게 된다. 내용과 그것을 구현하는 방식이 탄력적으로 균형을 이룰 때 사회는 안정된다.

동서양의 모든 철학은 동일한 구심력을 갖고 있다.

All philosophy, of East and West, has the same centripetence.

⋮ 양극단의 모순을 종합하라

서양은 이성적이다. 동양은 직관적이다. 서양은 물질주의적이
다. 동양은 정신주의적이다. 서양은 다양성을 지향한다. 동양은
통일성을 지향한다. 그런데 보상 심리가 동서양에 작용한다. 서
양의 종교와 사상은 물질적인 한계를 보상받기 위해 내세 지향
적이고 정신을 끝없이 탐구한다. 따라서 서양은 내세에서 영혼
의 구원을 바란다. 반면 동양의 종교와 사상은 정신주의적인 한
계를 극복하기 위해 상대적으로 현세 지향적이고 물질을 배척

하지 않는다. 따라서 동양은 상대적으로 현실에서 물질적 보상을 추구한다.

비록 두 세계가 겉으로는 상반된 모습을 보이지만, 둘 다 정신주의와 물질주의가 어느 정도 혼재해 있으며, 크게 보면 두 세계를 하나로 연결하는 구심력이 있다. 그 구심력은 정신과 물질, 이성과 직관 등 양극적인 모순을 통합하여 전체를 이루려는 보상력이다. 에머슨은 이 힘의 작용을 조화와 균형으로 보고 있다. 중도적 구심력이 동서양의 근본적인 통일성을 가능하게 한다. 현대사회는 다문화 사회지만, 이러한 근본적인 통일성을 바탕으로 더 큰 전체를 이룰 수 있다. 사회 통합은 이러한 인식의 각성으로부터 가능하다.

60

공자가 말했다.
"아침에 바른 도道를 들으면 저녁에 죽어도 행복할 수 있다."

Confucius said, "if in the morning I hear of the right way, and in the evening die, I can be happy."

: 자연의 이치는 중도다

공자는 『논어』의 이인편里仁篇에서 다음과 같이 말했다.

朝聞道夕死可矣(조문도석사가의)
아침에 도를 들으면 저녁에 죽어도 좋다.

공자가 말한 도道는 만물의 이치다. 만물의 이치는 바로 중도다. 에머슨은 공자를 동양의 현자이고 철학의 워싱턴[9]이라고 극

찬했다. 또한 에머슨은 공자의 중용中庸을 예수의 황금률Golden Rule[10]과 동일시했다.

삶의 모순을 해결하는 문제에 대해 동서양이 공통점을 이루는 접점이 바로 중도다. 중도의 이치를 깨닫는다면 우리의 삶은 아름답게 시화된다. 젊어서 인생의 이치를 이해한다면 앞으로의 삶에 진리가 충만할 것이다.

---

9) 미국의 초대 대통령으로, 다양한 정치 세력들을 통합하는 중도의 철학을 현실 정치에 구현했다.
10) 예수의 산상수훈 중의 말씀: "무엇이든지 남에게 대접을 받고자 하는 대로 너희도 남을 대접하라."

진실

IV

61

만물은 오랫동안 잘못 취급당하는 것을 거부한다.

Things refuse to be mismanaged long.

● 모든 진실은 스스로 드러난다

일시적으로 진실이 왜곡될 수는 있다. 일시적으로 권력과 이익이 특정 집단에 편중될 수는 있다. 그러나 자연의 법칙은 파도의 움직임과 같다. 한쪽에서 높아지면 다른 한쪽에서 빠르게 낮아지며 전체적인 균형을 잡는다. 인간 사회의 움직임도 이 법칙에서 벗어나지 못한다. 과거의 역사를 보면 어떤 정치 세력도 영원하지 못하고 영욕을 반복했다. 다만 시작이 좋은 것은 끝도 크게 나쁘지 않았고, 시작이 안 좋은 것은 끝도 좋지 않았을 뿐이다. 모든 것이 뿌린 대로 거두는 자연의 이치에서 한 치도 벗어나지 못했다.

불균형을 바로잡는 과정에서 모든 진실은 스스로 드러난다. 또한 모든 권력과 이익은 새롭게 나누어진다. 다만 균형을 잡는 인간의 시간이 자연의 시간과 다를 뿐이다. 과거에는 변화가 느렸기 때문에 불균형을 바로잡는 시간도 그만큼 느렸다. 그러나 지금은 변화가 빠르다. 그리고 대중매체의 발달로 진실이 시시각각 드러난다. 사회의 안정과 평화 측면에서 진실은 가장 큰 미덕이다. 진실한 사람이 많을 때 미래는 밝아진다.

62

한계는 영혼의 정화를 통해 순화되지만,
필연의 고리는 언제나 맨 위에 놓여 있다.

The limitations refine as the soul purifies,
but the ring of necessity is always perched at the top.

⦂ 운명은 인과의 법칙이다

운명은 인과의 법칙으로 상대적이다. 지혜가 부족하고 성정이
거칠면 운명에 맞서는 힘도 거칠고 세련되지 않게 된다. 정신이
고양되고 문화 수준이 높아질수록 운명을 대하는 자세가 세련되
어간다. 예를 들어 최고의 요리사는 힘 들이지 않고 음식 재료를
다루고 적은 양으로도 훌륭한 음식을 만들어낼 수 있다. 기술자
는 자신의 일에 대해 인과의 도리를 알기 때문에 힘을 들이지 않
고 일을 할 수 있다.

우리가 운명에 강하게 맞서면 운명도 우리에게 강하게 맞선다. 우리가 운명을 부드럽게 대하면 운명도 우리를 부드럽게 대한다. 운명은 거칠게 우리를 제한하지만, 영혼이 정화될수록 운명은 우리에게 부드럽게 다가온다. 운명에 맞서는 지혜가 클수록 우리를 구속하는 운명의 힘도 부드러워질 수밖에 없다. 그러나 인간이 의식의 한계를 가지고 있는 한 운명이라는 필연의 고리는 부드럽고 강한 정도만 다를 뿐 항상 존재한다.

63

세상은 한 방울의 이슬 속에서도 원만함을 이룬다.

The world globes itself in a drop of dew.

⫶ 생명의 공동 질서를 지켜라

자연의 질서는 모든 만물 속에 편재한다. 원자 속에도 우주의
법칙이 있다. 크고 작음은 상대적 현상일 뿐이다. 이것과 저것이
상대하고 작용과 반작용이 상대하며 전체를 이룬다. 또한 부분과
전체가 상대하며 더 큰 전체를 이룬다.

인간의 모든 행위에는 자연의 법칙이 적용된다. 선과 악, 친화
력과 반발력이 상대하며 우리의 삶을 이루고 있다. 또한 개인과
공동체가 상대하며 전체 인간 사회를 이룬다. 진실한 행위는 원

만한 공동체 질서를 구현한다. 그러나 진실하지 않은 행위는 생명의 공동 질서를 위반한다.

삶은 사람과 사람의 관계로 이루어진다. 그 관계를 원만하게 만드는 것이 바로 진실이다. 원만하지 못한 관계는 서로 간에 진실이 결여된 것에서 비롯된다. 진실은 일방적이지 않다. 그것은 상호주의적 원칙이다. 주고받음의 균형이 전체 사회의 원만함을 이루는 필수 조건이다. 사회가 시끄러운 것은 근본적으로 주고받음이 진실하지 않고 균형을 잃었기 때문이다.

64

진실한 행위는 그 자체와 다른 진실한 모든 행위를 설명한다.

Your genuine action will explain itself and
will explain your other genuine actions.

❈ 진실은 모든 오해를 푼다

순간의 이익을 위해 다른 사람이나 조직의 가치 체계에 순응하는 행위는 자신의 본성을 위반하는 것이다. 본성을 위반하는 행위는 진실하지 않다. 진실하지 않은 행위는 삶의 균형을 잃는다. 균형을 잃으면 생명의 질서가 무너진다. 결국 그 행위는 자연의 법칙인 인과응보를 면할 수 없다.

반대로 사회의 왜곡된 가치를 거부하는 행위는 자신의 본성을 지키는 것이다. 본성을 지키는 행위는 진실하다. 진실한 행위는 삶의 균형을 회복시킨다. 균형을 회복하면 모든 생명이 질서를 되찾는다. 질서가 잡히면 오해는 절로 풀린다. 비록 일시적인 오해가 있다 하더라도, 진실을 향한 동일한 경향성은 모든 오해를 풀어준다.

석가, 공자, 예수 등 위대한 성인은 모두 진실했다. 그들은 비록 삶의 현실 속에서 그때그때 다른 모습을 보였지만, 그 밑바탕에는 사람들을 바르게 이끌려는 진실이 있었다. 우리에게 가장 필요한 덕목이 바로 진실이다.

65

이익은 자연의 목적이다.
그러나 우리가 누리는 모든 이익에는 세금이 부과된다.

Benefit is the end of nature. But for every benefit which you
receive, a tax is levied.

⦂ 기부는 하나의 생명 활동이다

자연은 인간에게 무한한 생명을 나누어준다. 그러나 자연에는
공짜가 없다. 자연은 주고받는 것에 완벽한 균형을 이루고 있다.
인간은 자연에게 받은 모든 것을 잘 관리해서 되돌려줄 의무가
있다. 부실한 관리자에게는 책임이 따른다.

삶에도 이와 같은 자연 법칙이 작용한다. 물질적 이득에는 그
에 상응하는 대가가 있기 마련이다. 가진 자에게는 도덕적 의무
가 생긴다. 다른 사람들로부터 얻은 만큼 사회에 환원하는 것은

자신을 살리는 행위다. 넘치기 전에 퍼내면 생명이 부패하는 것을 예방할 수 있다. 기부는 건강한 생명 활동의 하나다.

우리가 얻은 모든 것에는, 보이지 않는 많은 사람의 노력이 결부되어 있다. 성공은 보이지 않는 많은 사람의 도움으로 가능하다. 그 사람들에게 성공의 과실을 나누어주어야만 그 성공이 유지된다. 받기만 하고 나누어주지 않는 사람은 생명의 순환이 막혀 결국 망하게 된다. 물은 고이면 썩는다. 현명한 자는 막힌 물꼬 트는 법을 안다.

66

세상을 잘 아는 심지 굳은 사람은
지식인들의 분노를 견디기 쉽다.

It is easy enough for a firm man who knows the world
to brook the rage of the cultivated classes.

⁝ 대중의 분노를 두려워하라

진실을 왜곡하고 대중을 속여 일시적인 이익을 얻는 것은 비교
적 쉽게 할 수 있다. 대중의 눈은 그리 밝지 않기 때문이다. 지식
인들의 눈은 비교적 밝지만, 그들의 반응은 조심스럽다. 에머슨
의 말처럼, "그들은 소심하여 비난에 쉽게 상처받기 때문이다".

그러나 모든 진실은 결국 드러난다. 대중의 분노는 무섭다. 지
식인들의 소심한 분노에 대중의 야수 같은 분노가 더해지면, 혁
명과 같은 변화가 일어난다. 진실함으로 미리 균형을 잡는 것이

현명하다.

리더가 될 인재는 무관심해 보이고 침묵하는 대중의 의중을 파악할 줄 알아야 한다. 대중이 통치의 대상이 아니라 권력의 주인이라는 것을 깨닫는다면 민심民心이 천심天心이라는 이치를 알게 될 것이다. 우리 사회에 만연한 특권의식은 무지의 소치다. 대중의 분노는 이런 어리석음을 깨우는 소리다. 그 소리를 잘 들을 줄 아는 지도자가 현명한 지도자다.

67

자연은 우리 뒤의 태양을 가리키는 위대한 그림자다.

It[Nature] is a great shadow
pointing always to the sun behind us.

⦂ 자연 속에서 모든 것은 하나다

자연은 우리에게 영원한 생명의 법칙을 가르치고 있다. 자연의 법칙은 생명의 질서다. 자연은 우리 모두가 태어나서 되돌아갈 수밖에 없는 생명의 고향이다. 자연은 인간과 신을 매개한다. 자연 속에서 인간은 신을 마주할 수 있다. 신의 섭리가 그대로 투영된 곳이 자연이다. 신을 보고자 한다면 자연을 보라. 그러면 신의 위대한 그림자를 볼 수 있다. 자연 속에서 모든 것은 하나다.

에머슨은 자연 속에서 인간과 신이 하나라고 보았다. 또한 신과 인간이 마주하던 과거부터 빛바랜 유물을 통해 신을 보는 지금까지, 자연은 변함없다고 했다. 19세기 미국의 대자연은 아마도 그러했을 것이다. 신의 섭리는 예나 지금이나 변함이 없기 때문에, 신이 사라진 것이 아니라 신을 대하는 인간의 의식과 태도가 변한 것이다. 우리의 의식을 정화시키는 데는 자연만 한 것이 없다. 자연 속에서 자기중심주의를 벗어던지고 대자연인이 되라.

68

멀리 떨어진 사랑이 가까운 곳에서는 원한이 된다.

Thy love afar is spite at home.

⁝ 가까운 이웃을 먼저 도와라

평소 삶이 진실하지 않은 사람이 하는 선행은 위선적이다. 이를테면 주변에 인색한 사람이 일면식도 없는 먼 곳에 있는 사람에게 하는 기부 행위 같은 것이다. 그것은 일종의 요식 행위다. 가까이 주변에 있는 불쌍한 사람을 먼저 돕는 것이 옳다.

모든 종교의 공통적 가르침 중의 하나가 불쌍한 이웃을 도우라는 것이다. 주변을 돕는 것은 바로 자신을 돕는 일이다. 모든 종교·사회단체는 우리 사회의 불쌍한 이웃을 먼저 도와야 한다.

우리 사회도 제대로 돕지 못하면서 외국에서 원조 활동을 벌이는 것은 가까운 사람들에게는 악의적인 행동이 될 수도 있다.

에머슨은 종교 단체나 기부 단체에 돈 내는 것을 부끄럽게 여겼다. 왜냐하면 그러한 단체들이 후원금을 제대로 쓰지 않는다는 사실을 너무도 잘 알고 있었기 때문이다. 이 점에서 그는 그런 후원금을 내는 대신에 가까운 주변 사람을 직접 돕는 것이 오히려 사회를 건강하게 만드는 원동력이 된다고 보았다. 경주 최 부잣집이 좋은 사례다. 그 집안이 오랫동안 부를 이어올 수 있었던 것은 바로 주변 사람들을 도왔기 때문이다.

69

저주는 항상 저주한 사람의 머리로 돌아온다.

Curses always recoil on the head of him who imprecates them.

: 용서하라

저주한 사람은 결국 스스로 저주를 받는다. 저주하는 마음에 상응하는 안 좋은 호르몬이 몸과 마음을 공격하기 때문이다. 또한 우리는 복수하면서 닮아간다. 원수를 욕하면서 원수의 나쁜 점을 자기도 모르게 배우기 때문이다. 오스카 와일드Oscar Wilde의 소설 『도리언 그레이의 초상The Picture of Dorian Gray』을 보면 악행의 결과를 스스로 초래하는 사례가 나온다.

복수는 또 다른 복수를 낳는다. 끊임없는 복수를 막는 길은 용서와 사랑뿐이다. 모든 종교가 사랑과 자비를 설파하고 있는 이유다. 예수는 원수를 사랑하라 말했다. 석가는 용서하라 했다. 원수가 사랑스러울 리 없다. 그러나 원수를 용서하고 사랑하지 않으면, 피의 복수는 영원히 사라지지 않는다. 평온한 마음은 인체에 좋은 호르몬 배출을 촉진한다. 평화의 마음은 자신뿐 아니라 사회 전체를 건강하게 만든다. 다양한 종교의 형식에 얽매이지 말고 종교의 본질인 자비와 사랑을 실천할 때다.

70

악마는 바보다.

The Devil is an ass.

፡ 진실한 삶이 악마의 접근을 막는다

악마는 질투하고 시기하며 복수하는 것밖에 모른다. 그러나 우주는 항상 균형을 잡는다. 질투에는 질투로, 시기에는 시기로, 복수에는 복수로 균형을 잡는다. 전체의 양면을 보지 못하는 악마는 바보인 셈이다.

삶의 진실을 총체적으로 보지 못하는 사람은 악마와 같이 어리석다. 어떤 사람이 아무리 높은 이상과 고상한 철학과 종교를 가지고 있어도, 그 삶이 진실하지 않다면 악마의 삶을 살고 있는 것이다.

우리가 때로 악마의 유혹에 넘어가는 것은 마음속에 진실하지 않은 면을 이미 갖고 있기 때문이다. 예전에 선비들이 수시로 몸과 마음을 가다듬었던 것은 진실함을 이루기 위함이었다. 충성忠誠이라는 말은 본래 진심으로 정성을 다함을 의미한다. 진실한 마음에는 악마의 유혹이 들어설 자리가 없다. 그래서 진실한 선비는 대의를 위해 자신의 목숨을 초개와 같이 여길 수 있었던 것이다.

71

두려움은 위대한 지혜의 스승이고 모든 변혁의 선구자다.
두려움은 자신이 나타나는 곳에 부패가 존재함을 가르친다.

Fear is an instructer of great sagacity,
and the herald of all revolutions.
One thing he teaches, that there is rottenness where he appears.

⦂ 두려움은 부패를 알리는 신호다

정치권력이 한곳에 집중되면 사람들이 두려워한다. 경제 이익
이 지나치게 한곳으로 몰리면 사람들이 두려워한다. 종교가 지나
치게 한곳으로 편향되면 사람들이 두려워한다.

사람들이 두려워하는 것은 그곳에 부패가 있기 때문이다. 독재
권력이 등장하면 정치가 부패한다. 경제가 어느 한곳에 독점되면
돈의 흐름이 막혀 부패가 발생한다. 종교 생활이 특정 종교에 지
배되면 부패가 일어난다. 우리는 역사 속에서 권력과 경제의 독

점이 가져오는 피해를 많이 볼 수 있다. 서양의 중세 시대는 암흑기였다. 그 어둠은 바로 교회의 권력에 의한 것이다. 다양한 정치, 경제, 그리고 종교 집단이 서로 견제하며 균형을 이룬 사회에는 두려움이 없고 건강하다.

우리는 자연의 지혜를 배울 필요가 있다. 자연의 모든 동식물은 서로 경쟁을 할지언정 독점하지는 않는다. 자연의 질서는 평등하다. 독과점은 인간만이 하는 행위다. 독점은 자유로운 흐름을 깨고 부패를 만드는 두려운 존재다.

72

영혼은 보상이 아니라 생명이다.

The soul is not a compensation, but a life.

⦂ 본질은 관계나 부분이 아닌 전체다

인간 세상 모든 것은 관계와 변화의 상대적 현상으로 존재한다. 부분과 부분, 부분과 전체가 서로 보상적인 관계를 가지며 전체를 이루고 있다.

모든 현상의 이면에는 본질이 있다. 본질은 생명의 근원이고 영혼이다. 영혼은 만물의 균형을 잡고 생명 공동체를 이루는 근원적인 힘이다. 에머슨의 사상 체계에 따르면, 그것을 신성神性이라고 해도 좋고 불성佛性이라고 해도 무방하다. 중요한 것은 모든 생명을 아우르는 본질 자체다. 본질은 관계나 부분이 아니고 전체다. 삶의 진실은 그 전체를 구현하는 생명 활동이다.

에머슨에게 진실은 조화와 균형을 이루는 중도의 정신이다. 불교의 중도실상中道實相[11]과 통하는 정신이다. 기독교적으로 말하면 세상은 완벽하게 창조되었다. 불교적으로 말하면 세상은 나고 없어지는 것도 아니고, 더럽고 깨끗한 것도 아니며, 늘고 주는 것도 아닌, 그 자체로 완벽한 것이다. 이 세상이 그대로 천국이자 극락이다. 그런데 왜 세상은 이 모양인가? 그것은 세상을 보는 의식의 수준에 따라 세상이 달라지기 때문이다. 신과 부처의 눈에는 완벽한 것이고, 사기꾼의 눈에는 온통 가짜만이 있을 뿐이다.

---

11) 석가는 오랫동안 무상(無常), 무아(無我), 고(苦), 공(空)을 설파했지만 최후에는 이것들을 방편의 법이라 하고, 궁극의 이치는 정반대로 상(常), 락(樂), 아(我), 정(淨)이라고 했다.

73

같은 시기에 있는 모든 사람은 서로 관련되어 있다.
어느 정도의 생각은 이미 세상에 퍼져 있다.

The men who come on the stage at one period are all found to be
related to each other. Certain ideas are in the air.

⠿ 같은 시대는 동일한 공감대를 형성한다

한 시기에 어떤 사상이 출현하는 것은 그 시기에 사는 사람들
사이에 삶의 공감대가 널리 퍼져 있기 때문에 가능하다. 그 사상
을 출현하게 만든 사회적 구조가 이미 존재하는 것이다. 문학적
으로 어떤 시기에 새로운 문학 사조나 장르가 유행하는 것은 이
미 그것을 가능하게 하는 사회적 구조가 있기 때문이다.

비슷한 사회적 구조 속에서 같은 시대에 사는 사람들은 유사한
생각을 공유할 수 있다. 비록 표현과 방식은 다르지만 삶의 진실

이 같기 때문이다. 19세기에는 세계 도처에서 혁명적인 사상들이 등장했다. 그중에서 에머슨의 초절주의 사상은 동서의 통합을 알리는 신호였다. 그 시대 미국 사회는 동서양에서 온 여러 민족의 문화가 이미 서로 통합되기 시작했다. 에머슨은 그것을 통찰하고 새로운 사상을 만들어냈다.

이제 전 세계는 하나의 지구 가족이다. 우리의 생각 속에는 전 세계인의 생각들이 공유되어 있다. 사람들의 생각을 잘 통찰하면 시대의 흐름을 예측할 수 있다. 깨어 있는 자만이 그것을 알 수 있을 뿐이다.

74

기도는 가장 높은 관점에서 인생의 현실을 사색하는 것이다.

Prayer is the contemplation of the facts of life
from the highest point of view.

⦂ 기도는 자신을 돌아보는 생활 명상이다

자신의 생활을 고요한 마음으로 관조하는 것이 기도다. 최고의 기도는 명상과 같다. 명상을 하기 위해서는 우선 몸과 마음을 바로 해야 한다. 몸을 바로 하면 인체가 균형을 이루고, 마음을 바로 하면 심리가 안정된다. 이 상태에서 하루의 생활을 되돌아보는 것이 바른 명상이다. 이 명상을 일상생활에 적용하면 생활 명상이 된다. 생각과 말과 행동이 자아내는 모든 인간관계를 성찰하고 바르게 유지하면 도덕적으로 완성된 인간이 된다.

기도와 같은 생활 명상은 심신에 활력을 준다. 건강을 위해 하는 운동, 식이요법 등은 무리하면 오히려 건강을 해칠 수도 있다. 또한 어떤 것은 비용도 만만치 않다. 그러나 명상이 생활이 되면 자신의 삶이 진실해진다. 진실한 생활은 그 자체가 기도와 같다. 삶의 모든 영역에서 성실하게 사는 사람은 그 자체로 기도의 삶을 살고 있는 것이다. 삶이 진실해지면 우리의 몸과 마음은 자연스럽게 생명의 기운으로 충만해진다.

75

특별한 편의,
즉 전체적 선이 아닌
특정한 것을 갈구하는 기도는 사악하다.

Prayer that craves a particular commodity,
anything less than all good, is vicious.

좋은 기도는 공통의 선을 추구한다

개인의 건강을 위해 기도하는 것은 좋다. 사회의 평화를 위해
기도하는 것은 더욱 좋다. 그러나 개인이나 사회의 특별한 이익
을 위해 기도하는 것은 사악하다. 그것은 균형을 깨는 행위이기
때문이다. 모든 이해관계가 모여 이룬 전체에서 한쪽에 이익이
치우치면 그만큼 반대편의 이익이 줄기 마련이다.

모두가 부자 되기를 소원한다. 그러나 부는 한정되어 있다. 어
떤 사람이나 사회에 많은 부가 몰리면 다른 사람들이나 사회는

그만큼 가난해진다. 누구나 자식이 좋은 대학, 좋은 회사에 들어가기를 원한다. 그러나 좋은 곳은 한정되어 있다. 누군가 그곳에 들어가면 그만큼 다른 누군가는 들어갈 기회를 잃는다.

종교가 단순히 복을 구하는 일에만 몰두한다면 종교는 이 사회에서 빛과 소금의 역할을 제대로 할 수 없다. 공통의 선을 위한 기도가 좋은 기도다. 무엇을 바라고 하는 기도는 거래와 같다. 비록 그 기도를 통해 무엇을 얻을지 모르지만 그것은 일시적인 복일 뿐이다. 양 무제와 달마대사의 일화는 좋은 예다. 양 무제가 많은 절을 짓고 나서 달마대사에게 자신의 복덕이 얼마나 되느냐고 묻자, 달마대사는 "없다無"라고 말했다. 비록 그의 불사가 대단한 것이고 그 복도 대단하지만, 진리의 눈으로 보면 유한한 복은 찰나에 불과하기 때문이다.

76

권위 위에 군림하는 신앙은
신앙이 아니다.

The faith that stands on authority is not faith.

⦂ 권위적 종교는 영혼의 타락이다

사랑과 자비에 근간하는 종교 정신이 권위에 의지하게 될 때
종교는 타락하기 시작한다. 중세 암흑시대나 17세기 미국의 신정
일치 사회에서 공통적으로 볼 수 있는 현상이다. 종교인들은 모
든 사회의 기독교화나 불국토화를 염원할지 모르지만 현실 속에
서 그런 사회는 가장 끔찍한 사회일 뿐이다. 자연을 생각해보라.
들판에 핀 꽃이 아름답지만 그 꽃만 있다면 어찌 되겠는가? 그
꽃에 생명을 주는 바람과 물이 없다면, 꽃과 꽃을 중매하는 나비

와 벌이 없다면 그 꽃은 존재할 수 없다. 꽃은 나비와 벌이 필요하고 나비와 벌은 또다시 다른 동식물들을 필요로 한다. 이렇게 확장해나가 모든 생명이 거대한 존재의 사슬을 이루게 된다.

종교가 정치권력을 독점하기 시작하면 무서운 일들이 벌어진다. 예를 들어 종교사회의 모순을 마녀재판[12]과 같은 비이성적인 방식으로 해결하려고 한다. 종교는 영혼을 치료하는 약과 같다. 그러나 그 약이 지나치면 마약이 되고, 마약이 지나치면 독약이 된다. 종교 생활은 현실과 적당히 균형을 이루어야 좋다. 우리 사회에는 종교가 지나치게 많다. 그만큼 사회가 불안하고 위험하다는 증거다.

---

12) 13세기경부터 17세기에 이르는 유럽에서 그리고 17세기 미국에서 사회적 불균형으로 빚어진 각종 병폐를 무고한 사람들에게 전가하고 그들을 마녀로 몰아서 참혹하게 죽인 종교재판. 특히 힘없고 돈 없는 여성들이 많이 희생되었다.

77

현재 대중화된 신학은 그것을 대체한 미신보다,
원리가 아닌 예법에서만 나아졌을 뿐이다.

I think that our popular theology has gained in decorum,
and not in principle, over the superstitions it has displaced.

⋮ 기복은 미신과 다를 것이 없다

종교는 진실한 삶을 살기 위한 지혜를 줘야 한다. 종교의 지혜
는 어둠을 밝히는 횃불과 같다. 지혜를 주지 못하는 종교는 빛을
상실한 것이다.

기복을 일삼는 종교는 미신과 다를 것이 없다. 폼 나는 예식과
화려한 종교 건축물이 다를 뿐이다. 현재 많은 종교가 겉으로는
사회 공동체의 평화를 얘기하지만, 실제로는 개인과 종교 집단의
이익을 구할 뿐이다. 이 점에서 에머슨이 개탄한 19세기 미국의

현실이나 21세기 한국의 현실이나 크게 다를 것이 없다.

기독교는 예수의 사랑을 말로만 하지 말고 실천해야 한다. 불교는 이해하기 어려운 예식에 치중할 것이 아니라 부처님의 불법佛法을 세상에 전하고 구현해야 한다. 사랑이 없는 기독교나 불법이 없는 불교는 모양만 다를 뿐, 미신에 지나지 않는다. 에머슨은 종교의 형식보다는 본질을 중시했다.

78

무엇보다 홀로 가고, 훌륭한 모범 사례를 거부하고, 심지어 사람들의 생각 속에서 신성시되는 것들까지도 거절하면서, 담대하게 중재자나 장막 없이 하나님을 사랑하시오.

Let me admonish you, first of all, to go alone; to refuse the good models, even those which are sacred in the imagination of men, and dare to love God without mediator or veil.[13]

⁝ 장막을 거두고 진리를 보면 모두가 하나다

예수와 석가의 정신은 위대하다. 그러나 예수의 정신은 후대로 갈수록 해석과 재해석이 반복되면서 많은 의식의 장막을 치고 있다. 석가의 정신도 교단이 소승과 대승으로 나뉘고 수많은 분파들로 가지를 치면서 많은 장막이 생겼다. 예수와 석가의 정신을 실천하는 사람은 드물다. 종교의 본질은 신비한 기적에 있지 않고 소박한 일상의 삶 속에 있다. 진실한 삶에 기반하지 않는 기적은 장막에 불과하다.

이제는 장막을 거두고 일상의 삶 속에서 예수와 석가를 우리 스스로 직접 볼 수 있어야 한다. 예수의 사랑을 실천하는 사람이 진정한 그리스도인이다. 석가의 자비와 지혜를 베푸는 사람이 진실한 불교인이다. 장막을 거두고 진리를 보면 우리 모두가 '하나 된 님'이다. 진리가 모든 종교의 장막을 거두고 모든 존재를 하나로 만든다. 그 진리는 먼 곳에 있는 것이 아니라 진실한 삶으로부터 시작된다.

---

13) 에머슨이 1838년 7월 15일에 하버드 신학대학에서 신학생들에게 행한 연설 〈신학교 연설(Divinity School Address)〉의 핵심 내용 중의 하나. 당시 보수주의 신학자들의 강력한 반발을 불러일으켰다.

79

종교적 배타주의자는 다른 사람들이 들어오지 못하게
천국의 문을 닫으려 애씀으로써, 자기가 들어갈 수 있는
천국의 문을 스스로 닫고 있다는 사실을 알지 못한다.

The exclusionist in religion does not see that he shuts the door
of heaven on himself, in striving to shut out others.

⁞ 종교적 배타주의는 종교 정신의 위배다

예수는 사랑의 정신으로 모든 사람을 천국으로 인도하고자 했
다. 석가는 자비의 정신으로 모든 중생을 구원하고자 했다. 종교
의 본질은 같다.

종교적 배타주의는 스스로 종교의 기본 정신을 위반하는 것이
다. 천국의 열쇠는 원수도 사랑하는 마음이다. 극락의 열쇠는 일
체중생과 함께 도를 이루겠다는 자비의 마음이다. 이 열쇠를 버
린 사람은 스스로 천국과 극락으로 가는 길을 저버린 것이다.

우리 사회에 종교적 배타주의가 지나치다. 그 현상의 배후를 들여다보면 비록 종교적으로 포장되었을 뿐, 이기주의가 기저에 있음을 알 수 있다. 자기 종교나 종파는 되고 남의 것은 안 된다는 식이다. 이것은 사랑과 자비가 아니다. 예수나 석가가 다시 세상에 나온다면 통탄할 일이다. 예수나 석가는 종교를 말하지 않았다. 다만 그분들은 삶의 진실을 말했을 뿐이다. 종교라는 형식으로 그분들의 진실을 제멋대로 재구성하고 심지어 사람들을 자신의 이익을 위한 수단으로 삼는 자를 경계해야 한다.

앞선 세대는 신과 자연을 마주 바라보았다.
반면 우리는 그들의 눈을 통해 보고 있다.
왜 우리는 우주와 원초적 관계를 누리지 못하는가?

The foregoing generations beheld God and nature face to face;
we, through their eyes. Why should not we also enjoy
an original relation to the universe?

⦂ 원초적 관계를 회복하라

석가나 예수가 살던 시대나 지금이나, 자연은 변함이 없다. 여전히 자연은 스스로 그러하게 존재하고 있고 우주는 변함없이 운행을 멈추지 않고 있다. 비록 예수는 없지만 신성神性은 모든 자연 속에 그대로 투영되어 있다. 비록 석가는 없지만 불성佛性은 자연 만물 속에 그대로 있다.

자연은 여전히 예나 지금이나 우주의 변하지 않는 법칙을 말하고 있다. 첨단 물리학이 발전하면서 우리는 점차 우주 생성의 근원에 다가가고 있다. 예수의 사랑은 모든 존재를 하나로 묶는 성령의 힘이다. 석가의 가르침은 우주의 근본 이치를 설명하는 첨단 물리학이다. 하늘과 땅과 인간은 세상을 구성하는 기본 요소다. 이 원초적 관계는 변하지 않는다. 우리가 의식하지 못할 뿐, 근본적인 본질은 언제나 그 관계 속에 변함없이 있다. 미혹을 깨고 정신을 차리면 모두가 하나인 관계를 회복할 수 있다. 청춘이여, 잠자는 정신을 깨우고 일어나라!

건
강

V

81

언어의 타락은 곧 인간의 타락이다.

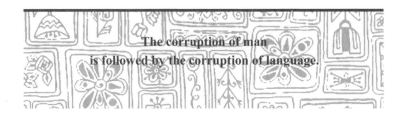

The corruption of man
is followed by the corruption of language.

⦂ 말은 몸과 마음의 균형을 드러낸다

마음이 해이해지거나 몸이 균형을 잃으면 제일 먼저 변하는 것
이 그 사람의 말이다. 예를 들어 술을 마시고 취하면 청각 기능이
떨어져 일차적으로 목소리가 높아진다. 그리고 감정 기복이 심해
지면서 말이 격해지고 조리가 없어진다.

사람이 타락하면 그 사람의 언어도 함께 타락한다. 말로써 건
강을 알 수 있다. 말은 몸과 마음의 균형을 표현하기 때문이다.
말이 언제나 건전하고 조리가 있다면, 신분과 환경의 변화에 관

계없이 그 사람은 건강하다. 그런 사람은 언제나 고요함을 유지한다.

불교에서는 삼업三業이 인생을 결정한다고 한다. 삼업이란 생각, 말, 행동이다. 한 사람의 생각은 그 사람의 말과 행동 속에 드러난다. 또한 말과 행동은 그 사람의 생각에 영향을 주며 상호 작용을 통해 끝없이 한 사람의 운명을 좌우한다. 구설수口舌數는 인생에서 가장 경계해야 할 것 중의 하나다. 말 한마디가 사람을 죽일 수도 살릴 수도 있다. 남을 시비하거나 헐뜯는 말은 그대로 자신에게 돌아와 자신을 해친다는 것을 명심하라. 말을 조심하면 사고방식에 조리가 서고 행동에도 절도가 생긴다.

82

오직 자신만이 평화를 가져다줄 수 있다.

Nothing can bring you peace but yourself.

마음의 평화와 건강은 스스로가 만든다

건강에 있어서 가장 중요한 것은 마음의 평화다. 마음의 안정은 심리의 문제로, 심리적 안정을 깨는 가장 큰 요인은 스트레스다. 몸이 균형을 잃거나 마음이 들뜨게 되면 심리가 안정되지 않고 불안해진다. 몸과 마음은 하나로 연결되어 있기 때문에 심신을 모두 균형 있게 관리해야 한다.

평소 몸과 마음의 자세, 식습관, 운동, 수면 방식, 일의 종류, 일 처리 방식 등은 스트레스와 깊은 관계가 있다. 과도한 운동이나 노동은 몸과 마음을 모두 해친다. 개인마다 건강 상태와 삶의 조건이 다르다. 따라서 몸과 마음의 균형을 유지하는 방법은 자신에게 달려 있다.

에머슨은 모든 것이 관념으로 존재한다고 본다. 슬픔과 기쁨은 모두 마음이 투영된 관념이다. 일체유심조一切唯心造라는 말이 있듯이, 마음의 평화도 자신이 만들 수밖에 없다. 마음을 잘 관리하라.

83

마음의 안정과 즐거움은
자신의 일에 온 마음을 쏟고 최선을 다했을 때 생긴다.

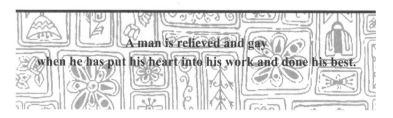

A man is relieved and gay
when he has put his heart into his work and done his best.

⦂ 집중은 최고의 수행이자 건강법이다

건강하지 않은 습관 중 하나가 '지금 여기'에 마음을 두지 않는
것이다. 예를 들어 현재 자신이 하고 있는 일에 집중하지 않고 다
른 일에 신경을 쓰다 보면 정신이 분산된다. 정신이 분산되면 인
체에 해로운 각종 호르몬이 분비되어 심신이 안정될 수 없다. 마
음이 안정되지 않으면 현재를 충분히 즐기면서 살 수 없다.

잡을 수 없는 과거나 오지 않은 미래를 걱정할 필요는 없다. 현
재에 최선을 다하는 것이 최고의 건강법이다. 마음을 한곳에 모

으면, 자연이 부여한 생명력이 회복된다. 이것이 바로 수행의 원리인 집중의 효과다. 삶의 모든 것이 집중의 대상이다.

집중하기 위해서는 지적 호기심을 유발해야 한다. 호기심이 유발되면 관심이 생기고, 자연히 집중하게 된다. 호기심과 관심과 집중이 서로 작용하면서, 집중력은 더욱 상승한다. 어떤 일이나 공부를 할 때 먼저 동기 부여를 하고, 집중을 통해 잡념을 없애면 세로토닌의 분비가 왕성해지면서 몸과 마음의 균형을 유지하게 된다.

84

자연은 힘든 일이나 사람에게 고통받은 몸과 마음을
정상적인 상태로 회복시키는 최고의 치료제다.

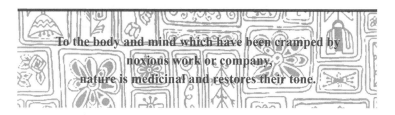

To the body and mind which have been cramped by
noxious work or company,
nature is medicinal and restores their tone.

⋮ 자연은 스스로 치유한다

세상은 심신의 건강을 해치는 온갖 공해 물질로 넘쳐난다. 환
경뿐 아니라 인간이 유발하는 공해도 심각하다. 지나친 상술과
권모술수는 경영의 정도를 벗어나 인간의 본성을 해치고 있다.
또한 거리의 소음과 화려한 불빛은 우리의 청각과 시각을 해친
다. 이익집단들은 끼리끼리의 패거리를 형성하면서 우리의 선택
을 강요하고 속박한다.

자연은 패거리가 아니다. 자연은 모든 생명의 공동체다. 우리

가 자연이라는 생명 공동체에 참여하는 것은 삶에 지친 몸과 마음을 회복시키는 것과 같다. 자연은 자연치유력을 갖고 있다. 자연의 일부인 인간 역시 자연치유력이 있다. 자연 속에서 우리의 면역력은 보다 활기를 찾고 건강을 회복시켜준다. 주말에는 일을 잠시 놓고 자연 속에서 휴식을 취하라. 쉴 휴(休)라는 한자를 보면 사람(人)과 나무(木)가 함께 있는 것을 알 수 있다. 나무는 땅의 기운을 빨아 먹고 사는 식물이다. 따라서 숲 속의 나무를 가까이하면 자연의 정기를 받고 자연치유력을 회복할 수 있다.

85

모든 인간은 고요함으로 돌아간다.
인간은 그 속에서 바른 정신을 가지며,
새로운 세계와 함께할 계시를 갖는다.

[In] the solitude to which every man is always returning,
he has a sanity and revelations, which in his passage into
new worlds he will carry with him.

∶ 고요함은 생명의 근본이다

몸과 마음은 고요함을 회복할 때 가장 건강해진다. 그 고요함
속에서 인간은 근원적인 생명력을 회복하기 때문이다. 노자는 고
요함을 모든 생명의 근본[14]으로 보았다. 우리는 고요함 속에서 삶
을 근원적으로 성찰하게 된다.

고요함은 몸과 마음의 모든 것을 내려놓고 쉴 때 회복된다. 몸
의 힘을 빼고 부드러운 마음을 가져라. 이때 개인의 생활 리듬과
생체 리듬은 매우 중요하다. 각자의 리듬에 맞게 쉬면 생기를 회

복하고 새로운 삶을 살아갈 바른 정신을 가질 수 있다.

혈기 왕성한 젊은이들은 절제하지 못하고 생명력을 소진하는 경우가 많다. 인간이 평생에 쓸 수 있는 생명력은 어느 정도 정해져 있다. 그 생명력을 오래 유지하는 비결은 활동과 휴식을 균형 있게 하는 것이다. 고요한 휴식 속에서 원기가 보충된다. 그러나 휴식이 지나치면 오히려 해롭다. 또한 휴식을 빙자하여 지나치게 노는 것은 몸과 마음의 균형을 깨고 건강을 해친다. 월요병은 주말에 제대로 쉬지 않기 때문에 생기는 것이다.

---

14) 노자(老子)는 "무릇 생명이란 무성히 자라지만, 각기 그 근본으로 되돌아간다. 근본으로 돌아가는 것을 고요함이라 하고, 이것을 생명의 회복이라고 한다(夫物芸芸, 各復歸其根, 歸根曰靜, 是謂復命)" 라고 했다.

86

고요함은 마음이 주는 끊임없는 압박을 떨쳐버리고,
보다 포용적이고 자비로운 관계를 만들어준다.

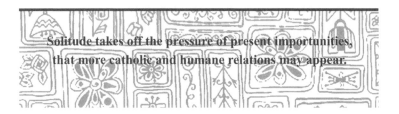

Solitude takes off the pressure of present importunities,
that more catholic and humane relations may appear.

⁝ 자비로운 관계를 회복하라

고요함을 방해하는 근본 원인은 집착이다. 그 집착이 끊임없이
정신을 압박한다. 집착과 각종 스트레스는 생리적 작용에 의해
나쁜 호르몬을 만들어내며, 결국 몸과 마음을 해치는 원인이 된
다. 모든 관계에서 일어나는 집착을 버리는 순간, 우리는 여유를
찾을 수 있다.

집착과 차별은 자연스러운 생명 현상이다. 그러나 집착을 버리
면 더 큰 생명을 얻을 수 있다. 작은 관계에 얽매이지 않으면 커

다란 생명의 관계를 회복할 수 있고 보다 많은 생명에게 자비로울 수 있다. 마음을 고요히 가라앉히고 사랑과 자비의 마음을 가지면 몸과 마음을 편안하게 해주는 호르몬이 방출된다. 인류애와 같은 평화의 마음을 가져라. 가족 관계를 확대하면 인류애가 된다. 세상은 한 가족이다.

시간을 초월하여, 지금 이 시간을 자연과 더불어 살지 못한다면
인간은 결코 행복하거나 강해질 수 없다.

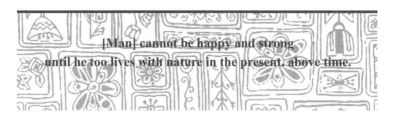

[Man] cannot be happy and strong
until he too lives with nature in the present, above time.

자연과 함께하는 삶이 곧 성공이다

인간의 생명은 자연으로부터 왔다. 인간은 자연의 기운을 공유
한다. 자연을 등지고 사는 사람은 의식하지 못하는 순간에 조금
씩 생명의 기운을 잃게 된다. 건강하지 않고는 어떤 행복도 성공
도 얻기 힘들고 무의미하다.

인간이 자연의 영장靈長으로서 자연을 지배한다는 생각은 잘못
되었다. 인간은 자연의 일부분이다. 생태적 관점에서 보면 인간
은 생명 공동체의 일원일 뿐이다. 한때 산업 문명의 발달로 자연

을 훼손하며 살아왔지만 이제는 첨단 과학 기술의 발달로 자연과 더불어 살 수 있는 시대가 열리고 있다. 자연과 인간이 공존할 수 있는 삶의 환경을 만들어야 한다.

자연의 기운을 얻는 가장 좋은 방법은 자연 속에서 사는 것이다. 도시에 사는 사람이라면 주변에 자연적 환경을 만들어가거나 찾아가는 습관을 가져야 한다. 에머슨은 숲에서 자연치유력을 회복할 수 있다고 보았다. 등산이나 트레킹을 통해 일주일에 한 번 정도는 자연과 마주하라. 숲 속에서 자연의 기운을 마시면 원기회복에 큰 도움이 된다. 인간의 몸은 걷기에 적합하도록 디자인되어 있기 때문에 적당히 몸을 움직여야 활기가 돌고 건강한 삶을 유지할 수 있다.

88

만물을 보면,
오래 사는 것이 얼마나 부질없는가를 알게 된다.

Every thing admonishes us how needlessly long life is.

⫶ 장수를 다른 측면에서 보라

사람들은 장수를 바란다. 그러나 모든 생명은 생로병사의 과
정을 피할 수 없다. 인간이 아무리 오래 살아도 죽음 앞에서 모든
것은 한순간에 불과하다. 장수를 다른 측면에서 생각해볼 필요가
있다.

우리는 지금 100세 시대에 살고 있다. 그러나 수명은 개인마다
차이가 크다. 사회 계층 간의 차이도 심하다. 장수가 반드시 행복
을 보장하지는 않는다. 오래 살기 위해서는 개인적으로나 사회적

으로 치러야 할 비용이 크다. 의료 비용을 줄이기 위해서는 우선 몸과 마음을 관리하는 자신만의 노하우를 갖고, 스스로 경제활동이 가능한 체력을 어느 정도 유지해야 사회가 안정될 수 있다.

　오래 사는 것보다 건강하고 행복하게 사는 것이 중요함을 자연은 가르치고 있다. 생로병사는 인간이 피할 수 없는 것이지만, 그것을 받아들이는 마음가짐에 따라 삶은 달라진다. 늙고 병드는 것을 먼저 이해하고 나이와 체력에 맞는 자신만의 건강 노하우를 갖는다면 각자 주어진 인생에서 활기 있게 살 수 있다.

89

"당신의 운명이 당신을 찾고 있다.
그러니 운명을 찾으려 말고 편히 쉬어라."
칼리프 알리[15]는 그렇게 말했다.

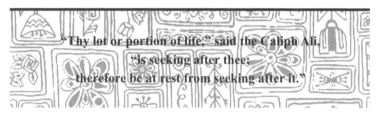

"Thy lot or portion of life," said the Caliph Ali,
"is seeking after thee;
therefore be at rest from seeking after it."

⁞ 내려놓아라

우리는 허둥지둥 세상을 산다. 몸이 바쁘고 마음도 쉴 틈이 없다. 일생을 살아도 자신을 찾기 힘들다. 나름 꿈을 이루기 위해 동분서주하지만, 그 꿈도 허망하다. 자신을 찾을 수 없는 것은 밖에서 찾기 때문이다.

우리 자신은 우리의 본성 속에 있다. 그 본성은 항상 우리 자신과 함께한다. 외부적인 우리와 내부적인 우리는 하나다. 그러나 내부와 외부가 분열된 우리는 항상 세상을 헤매고 있다. 피상적인 모든 것을 내려놓고 편히 쉬면 우리의 본성이 스스로 우리를 찾아오게 된다. 본성과 하나가 되면 우리는 몸과 마음의 균형을 회복하고 건강해진다.

불교에서는 '나我'라는 의식을 비우면 '진정한 나眞我'가 스스로 드러난다고 한다. 기독교에서는 오로지 신앙에 의지하여 자신의 모든 자만을 떨치고 신의 본성에 이른다고 한다. 에머슨은 동서양의 종교를 모두 수용하여 신과 인간이 하나라는 강한 믿음으로 자신의 마음을 고요히 관조함으로써 본성과 하나가 된다고 보고 있다. 현실에서는 진실을 향한 끝없는 관념의 해체를 요구했다. 어느 쪽이든 본성과의 합일合一은 결국 자의식적 관념을 내려놓을 때 생긴다.

---

15) 칼리프란 계승자, 대리인을 뜻하는 아라비아 어(語) 할리파(Khalifa)의 영어식 표현으로, 무함마드를 잇는 이슬람 사회의 최고 지도자를 가리키는 용어다. 알리는 4대 칼리프였다.

90

신은 모든 것에 결함을 만들어놓았다.

There is a crack in every thing God has made.

⦙ 약점을 보강하면 건강해진다

모든 것에는 결함이 있다. 그리스 신화에 나오는 아킬레우스[16]는 발뒤꿈치에 치명적인 약점이 있었기 때문에 불사신이 되지 못했다. 『니벨룽겐의 노래』에 나오는 지크프리트[17]도 등에 있는 약점으로 인해 죽음을 피할 수 없었다.

우리 모두에게는 결점이 있다. 자신이 지닌 몸의 약점을 잘 살펴야 건강과 행복을 지킬 수 있다. 자신의 외모나 신체적 결함에 절망하는 사람이 의외로 많다. 하지만 약점은 자신의 운명을 지키는 수호신이다. 약점에 감사할 필요가 있다. 약점을 잘 보강하면 더 건강해질 수 있기 때문이다. 오히려 건강이 지나친 사람이 요절하기 쉽다. 스포츠 선수 중에 장수하는 사람이 많지 않은 것이 그 예다.

---

16) 고대 로마의 시인 스타티우스(Statius)의 『아킬레우스 이야기』에 따르면, 요정 테티스(Thetis)는 아들 아킬레우스(Achilleus)를 불사신으로 만들기 위해 성수(聖水)로 그의 몸을 씻겼지만, 불행히도 테티스가 잡고 있던 발꿈치는 그 물에 씻기지 않았다고 한다.

17) 『니벨룽겐의 노래』에 따르면, 지크프리트는 니벨룽겐족의 보물을 지키던 용을 퇴치하면서 용의 피로 몸을 씻었다. 그러나 불행히도 그때 등에 낙엽이 한 장 떨어지는 바람에 등에 치명적인 약점이 남아 있게 되었다.

91

일하라, 그러면 힘을 얻을 것이다.
일하지 않는 자는 힘을 얻을 수 없다.
이것이 자연의 법칙이다.

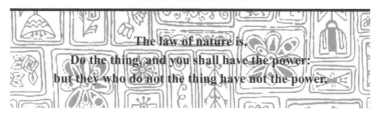

The law of nature is,
Do the thing, and you shall have the power;
but they who do not the thing have not the power.

⁝ 일은 건강에 좋다

일이 없는 것은 인생행로가 없는 것과 같다. 인생의 좌표가 없
다면 심신이 안정되지 않아서 건강할 수 없다. 하지만 자신에게
맞지 않는 일은 오히려 건강에 해롭다. 직업이나 전공을 선택할
때 무엇보다 자신의 적성이나 체력을 감안해야 한다.

일과 건강의 관계에도 자연의 법칙이 적용된다. 자연의 법칙은
작용과 반작용에 의한 보상의 법칙이다. 구하는 만큼 얻게 되지
만, 그 구함이 부족하거나 지나치면 오히려 문제가 된다. 일이 너

무 없다면 의욕을 상실해서 건강을 돌보지 않게 된다. 반대로 일이 지나치면 심신의 균형이 무너져 건강할 수 없다. 자신의 체력에 맞게 중도의 균형을 찾는 것이 현명하다.

자신에게 맞는 일을 찾기 위해서는 다양한 경험이 필요하다. 다양한 경험을 통해 인내와 강한 정신력, 그리고 체력을 길러라. 실패를 두려워하지 말고 먼저 시도하라. 해보지 않고 자신이 잘할 수 있는 것이 무엇인지 알 길은 없다.

92

들과 숲은 인간과 식물 사이의 신비한 관계를 암시하며
우리에게 커다란 즐거움을 제공한다.

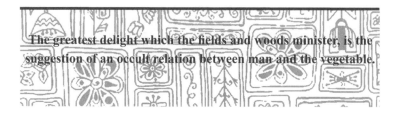

The greatest delight which the fields and woods minister, is the
suggestion of an occult relation between man and the vegetable.

: 자연과 소통하라

인간과 자연은 원래 하나였다. 하나가 둘이 되고 둘이 넷이 되
면서 자연 만물을 이루었다. 우리는 자연에서 나와서 다시 자연
으로 돌아간다. 죽음은 우리 몸이 원소를 이루고 있던 자연으로
되돌아가는 것과 같다. 형태의 변화가 있을 뿐, 자연은 무수한 형
태의 바다를 이룬다. 그 형태는 독특하면서도 유사하다. 그 유사
함은 자연과 인간을 하나로 연결하는 통일성에 대한 신비한 암시
를 준다.

인체를 이루고 있는 것은 자연이다. 자연과 끊임없이 교통하지 않고는 우리는 하루도 살 수 없다. 공기를 마시지 않고 살 수 없다. 물을 마시지 않고 살 수 없다. 우리가 먹는 채소가 우리의 피와 살과 뼈를 이룬다. 자연과 건강한 소통을 하기 위해 먼저 인간이 건강한 정신을 가지고 있어야 한다. 자연을 대하는 태도를 먼저 바꾸자. 단순한 개발보다는 자연과 인간이 공존할 수 있는 생태적 개발이 장기적으로 인간의 생존을 위해 필수적이다. 인간과 자연은 서로 공생 관계에 있고, 자연을 건강하게 유지시키는 책임은 인간에게 있다. 자연과 건강한 소통을 하는 사람은 건강하다.

93

처음에는 만물이 존재하고 있는 그 생명을 공유하고,
나중에는 그것들을 자연 속에서 현상으로 보면서,
우리가 그들과 근원을 공유했다는 사실을 잊는다.

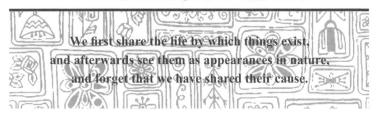

We first share the life by which things exist,
and afterwards see them as appearances in nature,
and forget that we have shared their cause.

: 관념을 끝없이 해체하면 본성이 보인다

인간의 의식[18]은 세상을 현상으로 본다. 그러나 그 현상 속에는
변하지 않는 생명의 본질이 있다. 그 본질을 망각하고 자연과 분
리되어 사는 것은 바로 인간의 관념[19] 때문이다.

관념은 생명 공동체를 해체하고 인간만의 삶을 만들었다. 이
인간의 고정된 관념이 건강을 해치는 가장 큰 요인이다. 마음이
고정되면 심신의 순환이 막혀 몸이 굳어지고 건강을 잃게 된다.
순환하며 변화하는 자연의 본질에 위배되기 때문이다. 또한 자연

과 인간은 하나이면서 하나가 아니다. 인간이 짐승이나 식물이 될 수는 없기 때문이다. 자연과 인간이 하나도 아니고 둘도 아닌 이치를 안다면 우리의 의식은 자유로울 수 있다. 자연 변화의 흐름에 따라 자신의 관념을 끝없이 해체하고 늘 새로운 삶을 사는 것이 건강에 좋다. 또한 그것이 자신의 본성을 찾는 길이다.

---

18) 인간의 의식은 다섯 개의 감각과 생각이 상호 작용하는 의식과 우리가 의식하지 못하는 무의식으로 이루어진다.
19) 관념은 의식 수준의 차이에 따라 달라지는 분별의식이다.

94

자연은 희극이나 비극 작품에 똑같이 잘 어울리는 배경이다.

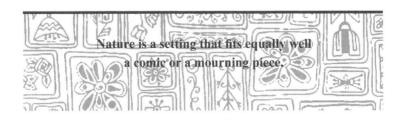

Nature is a setting that fits equally well
a comic or a mourning piece.

자연의 색은 영혼에 따라 다르다

자연은 우리의 감정에 따라 다른 색깔로 보인다. 우리가 기쁘
면 자연은 밝은색을 띠고, 우리가 우울하면 자연은 어두운 색을
띤다. 에머슨의 말처럼, "자연은 언제나 영혼의 색을 지니고 있
다". 우리의 감정이 그대로 자연에 투영되어 희극의 배경이 되기
도 하고 비극의 배경이 되기도 한다.

인생의 무대 주인공은 바로 우리 자신이다. 희극을 만들지 비
극을 만들지는 우리 자신에게 달려 있다. 스스로 감정을 조절하

여 각자의 인생을 잘 연출하는 것이 건강에 좋다. 한의학의 원리에 따르면 감정은 내부 장기와 연결되어 있다. 감정을 조화롭게 유지하면 인체 내부의 장기들이 조화와 균형을 유지한다. 그러나 감정 조절이 안 되면 특정 장기에 지나친 영향을 미쳐서 심신의 균형이 무너진다. 특히 위와 장을 잘 관리하는 것이 감정 조절의 핵심이다. 의학적으로 위와 장에는 조율 작용을 하는 세로토닌이 뇌만큼이나 많이 존재하기 때문이다. 장의 기능이 활발해야 중화 中和 작용이 원만해져 심신이 균형을 유지할 수 있다.

95

새로운 분자 이론은 원자와 원자 사이에
천문학적인 공간이 있으며, 세상은 모두 바깥에 있고
내부에는 아무것도 없음을 보여준다.

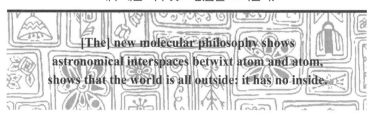

[The] new molecular philosophy shows
astronomical interspaces betwixt atom and atom,
shows that the world is all outside: it has no inside.

：비워야 자연의 기운이 들어온다

모든 물질을 분석해 들어가면 원자에 이른다. 원자는 원자핵과
그 주위를 도는 전자로 구성되어 있다. 또한 원자핵은 중성자, 소
립자, 미립자, 쿼크 등으로 쪼개질 수 있다. 결국 물질의 근원은
빈 공간이다.

우리의 몸과 마음도 이러한 이치를 갖고 있다. 몸은 외부의 형
태를 갖고 있지만, 마음은 내부의 빈 공간이다. 공空은 비어 있기
때문에 우주 만물을 포용할 수 있다. 마음을 비우고 생각을 멈추

면 온몸에 자연의 기운을 가득 채울 수 있다. 생각을 비우는 것이 진정한 건강법이다.

마음을 비우는 데는 두 가지 방법이 있다. 하나는 집중이고 다른 하나는 이완이다. 어떤 것에 집중함으로써 잡념을 비울 수 있다. 그러나 보통 사람은 끝없이 집중을 유지할 수 없다. 집중이 한계에 이르면 몸과 마음을 이완하라. 집중과 이완의 리듬을 통해, 마음을 효과적으로 비울 수 있다.

96

마지막 미덕은 없다.
모든 것은 시작이다.

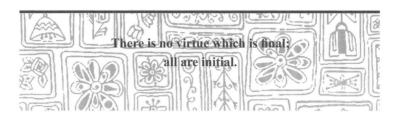

There is no virtue which is final;
all are initial.

⠿ 유일한 건강법은 없다

우리의 삶은 끊임없이 변한다. 따라서 미덕도 변화하는 삶에 따라 달라진다. 매 순간의 진실이 존재할 뿐이다. 우리가 늘 깨어 있어야 하는 이유다.

건강법도 이와 같다. 자신의 건강 상태에 따라 건강을 유지하는 방법이 항상 다를 수밖에 없다. 아침과 저녁의 건강법이 다르고, 여름과 겨울의 건강법이 다르다. 몸이 아플 때와 건강할 때의 건강법도 다르다. 따라서 그때그때 자신의 상태를 잘 관찰해야 한다.

　젊은이들 사이에 몸매를 가꾸는 것이 유행이지만, 몸짱이 곧 건강을 의미하지 않는다. 사람마다 타고난 몸매가 다르기 때문에 획일적으로 똑같은 몸매를 만들려는 시도는 오히려 건강을 해친다. 지나친 다이어트도 식생활의 균형을 깬다. 다른 사람의 건강법을 무조건 따라 하는 것은 바람직하지 않다. 사람마다 체질이 달라서 다른 사람에게 좋은 것이 자신에게는 좋지 않을 수 있기 때문이다.

97

평균화는 언제나 존재한다.

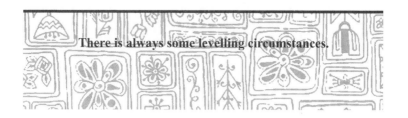

There is always some levelling circumstances.

﹕항상성恒常性이 곧 치유력이다

자연은 상반된 힘의 작용과 반작용으로 움직인다. 일시적인 불균형은 언제나 존재한다. 그러나 그 상황은 전체적으로 균형을 잡으려는 자연의 힘에 의해 중화되어, 모든 세력은 곧 평균화된다. 인체에도 이와 같이 균형을 잡는 생체 메커니즘이 있다. 인체가 생명을 유지하고 균형을 이루기 위해서는 체내의 환경과 작용을 항상 일정하게 유지시키는 기능이 필요하다. 이 기능을 항상성恒常性, homeostasis이라 부른다.

모든 자극에 대한 인체의 이상 반응은 사실 항상성을 유지하려는 기능이 자연스럽게 발현된 것이다. 따라서 이런 자연스러운 반응에 대해 약을 남용하면 인체의 면역 기능을 떨어뜨리고 자연치유력을 감소시킨다. 때로는 아픔을 참는 정신력이 필요하다. 예를 들어 감기에 걸렸을 때 약을 먹기보다는 몸과 마음의 안정을 취하면서 제철 음식을 통해 충분한 영양을 보충하는 것이 바람직하다. 사실 독감과 달리 감기는 치료약이 없다. 감기를 이겨내는 정신력으로 몸의 면역력을 향상시켜라.

98

우리가 말하는 인과응보는,
부분이 나타나는 곳에 전체가 나타나는
우주의 필연 법칙이다.

What we call retribution is the universal necessity
by which the whole appears wherever a part appears.

⦂ 진실한 생활이 최고의 건강법이다

자연의 법칙은 인과의 법칙이다. 원인이 있으면 그에 상응하는 결과가 있다. 또한 개별적인 부분 작용이 있는 곳에 우주의 전체 반작용이 있다. 우리가 하는 하나의 작용에는 우주의 모든 생명이 관여되어 있다.

바른 생활은 건강에 가장 중요하다. 운동이나 식이요법과 같은 것은 건강을 위한 일시적이고 부분적인 활동일 뿐이다. 그러나 바른 생활은 자연의 모든 생명을 바르게 작용하게 하는 전체적인 생명 활동이다. 에머슨에게 바른 생활은 조화와 균형의 삶이다.

생활이 진실하지 않다면 생명을 온전히 보전할 수 없다. 눈앞의 이익만을 얻기 위한 잘못된 행위는 모든 생명의 보복을 피할 수 없기 때문이다. 인과응보는 우주의 절대 법칙이다. 잘못된 행동은 그 대가를 일시적으로 피할 수 있을지는 몰라도 반드시 응징되는 법이다. 진실한 생활이 진정한 수행이자 건강 비결이다. 젊은이는 자만하기 쉽지만, 다른 사람들과 조화로운 관계를 진실하게 유지하는 것이 자신의 생명과 행복을 지킨다는 것을 명심해야 한다.

99

영혼은 "남녀의 몸과 영혼이 하나여야 한다."라고 말하지만,
육체는 단지 몸의 결합만을 원한다.

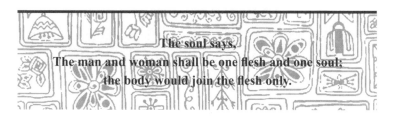

The soul says,
The man and woman shall be one flesh and one soul:
the body would join the flesh only.

⁞ 욕정을 자제하라

인간의 몸과 마음은 분리할 수 없다. 그러나 실제로는 몸과 마음이 따로 작용하고 있다. 사랑은 몸과 마음을 하나로 묶는 역할을 한다. 그러나 현실 속에서 남녀 간의 사랑은 이기적이다. 사랑은 순간적인 감정이고, 육체적 결합만을 요구하기도 한다.

생식에 대한 욕구는 인류를 끊임없이 존재하게 만드는 근원적인 힘이다. 그러나 순간적인 욕망에 의한 육체적 결합은 인간의 생명력을 해친다. 지나친 욕정은 건강과 운명을 해치는 가장 큰 요인 중의 하나다.

　인간이 자제하기 가장 힘든 것이 바로 욕정이다. 그러나 일순간의 음욕은 평생 쌓아온 명예와 업적을 한순간에 무너뜨릴 수 있다. 젊은이는 넘쳐나는 열정과 강한 정력을 자랑하기 쉽다. 하지만 자제의 미덕을 가져야 한다. 모든 종교에서 사음邪淫을 크게 경계하는 데에는 이유가 있다. 한 사람을 성적으로 농락하는 것은 그 사람과 관계된 모든 사람을 농락하는 것이고, 결국 자기 자신을 파멸로 이끌기 때문이다. 지나친 성적 욕망은 건강을 크게 해친다.

괴테가 말했다.
"인체는 겉모습을 보는 것만으로 이해될 수 없다."

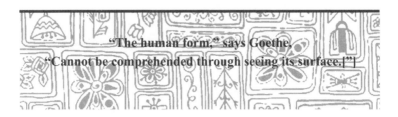

"The human form," says Goethe,
"Cannot be comprehended through seeing its surface.["]

⦂ 심신의 모든 작용이 원활해야 건강하다

인체의 겉모습만으로도 어느 정도 그 사람의 건강을 알 수 있
지만, 보다 중요한 것은 인체 내부의 여러 기관들의 작용이다. 근
육, 신경, 뼈와 관절, 내부 장기 등의 상호 작용이 중요하다.

신체 균형의 기본은 골반이다. 골반이 균형을 잃으면 위로 척
추가 휘고 아래로 다리의 길이가 달라진다. 이러한 변형은 외부
적 · 내부적 · 유전적 요인에 기인한다. 외부적 원인은 잘못된 자
세와 행동 습관이 주를 이루고 사고로 인한 충격도 원인이 된다.

내부적 원인은 외부적 불균형으로 인한 내부의 신경과 장기의 영향 그리고 균형 잡히지 못한 식습관으로 인한 장기의 불균형이 주를 이룬다. 예를 들어 과음이나 과식 또는 특정 식품이나 약품의 과다 섭취는 활성산소를 과다 방출시켜 몸의 균형을 깨게 된다. 지나치게 기름기가 많은 음식은 기혈氣血의 유통을 방해한다.

한편 마음이 불안하거나 지나치게 흥분되면 신경에 영향을 미친다. 신경은 뇌로부터 모든 몸과 연결되어 있기 때문에 심리의 불안은 결국 몸의 균형을 깨는 가장 큰 원인이 된다. 청춘기에는 혈기가 왕성하기 때문에 몸과 마음을 적당히 안정시킬 필요가 있다. 몸의 안정을 위해서는 적당한 운동이 좋고, 마음의 안정을 위해서는 정신 수양과 공부만 한 것이 없다.

부록

에머슨의 시

W. H. 채닝에게 바치는 송시

사악한 시대의 유일한 애국자를
비록 슬프게 하고 싶지 않지만,
난 버릴 수 없어.
나의 달콤한 생각을.
사제의 위선적인 말투 때문에,
혹은 정치인의 폭언 때문에.

기껏해야 속임수에 불과한,
그들의 정치 때문에 연구를
만일 내가 하지 않는다면,
성난 시신(詩神)은
내 머리를 혼란케 하리라.

하지만 인류의 문화에 대해,
보다 나은 예술과 인생에 대해
지껄이는 자는 누구냐?
가라, 발 없는 도마뱀아, 가서,
소문난 합중국을 지켜보라.
총칼로
멕시코를 침략하는 모습을!

또는 누가, 보다 거친 목소리로,
감히 자유를 사랑하는 산악인을 칭찬하느냐?
나는 발견했노라, 오 힘차게 흘러가는 컨투쿡 강이여, 그대 곁에서,

그리고 아지오축 산이여, 그대의 계곡에서,
흑인 소유자의 앞잡이들을.

뉴햄프셔를 만든 신은
작은 인간들이 사는
드높은 대지를 조롱했노라—
작은 박쥐와 굴뚝새는
떡갈나무에서 산다—
만약 대지의 화염이
융기된 땅을 쪼개고, 사람들을 파묻는다면,
남부의 악어가 슬퍼하리라.
미덕은 흐려지고, 정의는 사라지고 없다.
자유는 찬미되지만, 감추어져 있다.
능란한 장례식사는
관 뚜껑을 들썩이게 하는구나.

무엇이 발길질을 하느냐?
오 열렬한 친구여,
북부와 남부를
분연히 찢어놓을
그대의 열정에.
무엇 때문에? 무슨 목적으로?
보스턴 베이와 벙커 힐은
여전히 물질을 섬기노라.
물질은 뱀에게서 왔다.

마부는 말을 섬기고

소 치는 사람은 소를 섬기며,
상인은 금전을 섬기고,
먹는 자는 그의 고기를 섬긴다.
천을 짜고, 옥수수를 가는,
지금은 노예의 시대.
물질이 말안장에 앉아,
인간을 몰고 있노라.

인간을 위한 법과, 물질을 위한 법,
화해될 수 없는,
두 개의 별개의 법이 있다.
후자는 마을과 함대를 건설하지만,
그것은 멋대로 날뛰며,
인간을 하인으로 만드노라.

이것은 마땅한 일이다. 숲이 무너지고,
비탈이 깎이고,
산에 터널이 생기고,
모래가 덮이고,
과수가 심어지고,
땅이 개간되고,
목초지가 불하되고,
증기선이 건설되는 일은.

인간을 위한 법을 섬기게 하소서.
우정을 위해, 사랑을 위해 살게 하소서.
진리를 위해, 그리고 조화를 위해.

나라는 그 가능한 법도를 따르게 하소서,
마치 올림포스가 제우스를 따르듯이.

하지만 난 애원하지 않는다.
주름진 점원이 내 굉장한 숲에 와주기를.
또한 내키지 않는 상원의원에게 간청하지 않는다.
숲 속에 외로이 있는 티티새의 투표를 부탁하기를.
모든 사람은 자신의 선택된 일에—
어리석은 손이 혼합하고 망칠지 모르지만,
그 결말들은 현명하고 분명하다.
그것들은 둥글게 돌아, 마침내 어둠이 밝음이 되고,
남성이 여성으로, 그리고 우수(偶數)가 기수(奇數)로 변한다.
신은
권력에 정의를 결혼시키시고,
사람을 살게도 없애기도 하시며-
종족들을 보다 강한 종족들로,
흑인들을 백인들로,
전멸시키시는 그분은-
사자로부터
꿀을 가져오는 법을 아시고,
해적과 터키인들에게
가장 온화한 자손을 붙여주시노라.

러시아인들은 폴란드를 먹는다.
마치 훔친 과일처럼.
마지막 귀족은 붕괴되고,
마지막 시인도 침묵한다.

곧바로, 두 무리로
승리자들은 나뉘고,
반은 자유를 위해 싸우며 서 있다—
시신(詩神)은 그녀의 편에 수천의 사람들이 있는 것을 보고 놀란다.

하마트레이아

벌클리, 헌트, 윌러드, 호즈머, 메리엄, 필린트 등은
건초, 옥수수, 근채(根茶), 대마, 아마, 사과, 양모 그리고 목재를,
그들의 노고에 보답한 대지를 소유했다.
이들 땅 주인들은 각기 자신의 농장 사이를 거닐며,
말했다. '이건 내 땅, 내 아이들의 땅, 그리고 내 이름의 땅이지.
내 소유의 나무들 속에서 나는 서풍(西風) 소리는 너무 달콤해!
내 언덕 위에 드리운 저 그림자들은 너무 아름다워!
난 상상해, 이 깨끗한 물과 창포꽃이
나를 안다고. 마치 내 개가 나를 알듯이. 우리는 공감하지.
그리고 확언컨대, 내 행동들은 토양의 향기가 나.'

이 사람들은 어디에 있는가? 그들 땅속에 잠들어 있다.
그리고 낯선 자들이, 좋을 대로, 그들의 밭고랑을 갈고 있다.
대지는 꽃 속에서 웃지. 허풍떠는 아이들이
땅을 자랑하는, 그들 것이 아닌 땅을 자랑하는 것을 보고.
무덤과 떨어진 곳으로
발을 움직일 수 없고, 다만 쟁기를 움직이는 자들은 누구인가.
그들은 계곡에 산등성이를, 연못에 실개천을 추가시키고,
그리고 그들의 영토의 경계를 정한 모든 것에 아쉬워 탄식했다.
'이건 목초지로 적합하고, 저건 내 공원이야.
우린 반드시 흙, 석회, 자갈, 화강암 바위 턱을 갖고 있어야 돼,
그리고 토탄(土炭)을 구할, 안개 낀 저지대도.
대지는 잘 있다. 남쪽으로 당당하게 뻗어 있다.
좋지, 네가 바다를 횡단해 돌아올 때,

두고 간 땅들이 단단히 붙어 있는 것을 보는 건.'
아! 성마른 주인은 보지 못하는구나. 죽음이
한 덩어리의 흙을 더 덧붙이듯이, 그를 대지에 추가시키는 것을.
대지가 하는 말을 들어보라.

대지의 노래

내 것 그리고 네 것,
내 것이지, 네 것은 아니라네.
대지는 지속하고,
별들은 오래 머무르며,
오래된 바다에 빛을 내리지.
해변들도 오래되고,
하지만 옛사람들은 어디에 있나?
난 많은 것을 보아왔지만,
그런 사람들을 전혀 보지 못했네.

변호사의 권리증서는
확실히 유효하지.
상속 한정에 있어서,
그들에게, 그리고
영구히
틀림없이
계승할
그들의 상속인들에게.

여기에 대지가 있다.

덤불이 무성하고
오래된 계곡이 있고
제방과 큰물도 있지.
하지만 상속인들은
파도의 포말처럼 사라졌구나.
변호사, 법률들,
그리고 왕국은
여기에서 깨끗이 사라져버렸구나.

그들은 나를 그들 것이라 부르고,
그렇게 나를 통제했지.
하지만 누구나
지속하기를 바랐지만, 이젠 사라지고 없다네.
그들은 나를 잡을 수 없고,
나는 그들을 소유할 수 있다면,
어째서 내가 그들의 것이냐?

대지의 노래를 듣자
나는 더 이상 용감할 수 없었다.
나의 탐욕은 차갑게 식어버렸다.
마치 무덤의 냉기 속의 욕망처럼.

모든 것을 사랑에 바쳐라

모든 것을 사랑에 바쳐라.
그대의 마음에 복종하라.
친구, 친척, 세월,
재산, 명성,
계획, 신용, 그리고 시신(詩神)—
어느 것도 사랑을 물리칠 수 없다.

사랑은 용감한 주인.
영역을 갖게 하자.
완전히 사랑을 따르라.
끝없는 희망으로,
높이 그리고 더 높이
사용되지 않은 날개와
숨겨진 의도로
사랑은 인생의 정오 속으로 뛰어든다.
그러나 사랑은 신(神)이며,
자신의 길과
하늘의 출구를 안다.

사랑은 결코 비열한 자를 위한 것이 아니다.
사랑은 굳센 용기를 요구한다.
의심치 않는 영혼들과,
굽히지 않는 용기에,
사랑은 보답할 것이다—

보다 나은 모습으로,
그리고 늘 상승하며,
그들은 돌아올 것이다.

사랑을 위해 모든 것을 남겨라.
하지만, 나의 말을 들어라.
그대의 마음에 필요한 한마디를 더,
굳은 노력의 맥박을 한 번 더—
오늘, 내일, 영원히,
그대의 사랑하는
아랍인처럼 자유롭게
그대를 유지하라.

그 처녀에게 온몸을 다 바쳐 매달려라.
하지만 놀라움,
추측의 막연한 첫 번째 그림자가
그대와 동떨어진 채 기쁨에 찬
그녀의 젊은 가슴을 스쳐 지나갈 때
그녀는 자유롭고 분방하게 되리라.
그대는 그녀의 옷자락을 붙잡지도 말고,
그녀의 여름 왕관으로부터
그녀가 던진 창백한 장미를 붙잡아도 안 된다.

비록 그녀를 그대 자신처럼 사랑한다 할지라도,
보다 순수한 흙으로 된 존재로서 그랬다 할지라도,
비록 그녀의 이별이 대낮을 어둡게 하고,
살아 있는 모든 것으로부터 아름다움을 뺏을지라도,

충심으로 알지어다.
반신(半神)들이 가면,
온전한 신(神)들이 도착함을.

보 상

시간의 날개들은 검고 하얗고,
아침과 저녁으로 다채롭다.
산은 높고 대양은 깊고
전율하면서 균형은 적당히 유지된다.
변화하는 달 속에, 조수의 물결 속에,
부족과 풍족의 불화가 자란다.
많음과 적음의 척도가 우주를 가로질러
감동적인 불꽃과 빛다발을 만들어낸다.
외로운 지구는 천체 사이에서
영원한 우주 공간을 가로질러 바삐 가고,
평형추는 허공 속으로 날아가며,
보충의 소행성,
혹은 보상의 불꽃이
중립의 어둠 속을 날아간다.

인간은 느릅나무, 부(富)는 덩굴,
그 덩굴손들은 튼튼하고 강하게 감긴다.
연약한 작은 고리를 통해 그대를 속이지만,
그 줄기로부터 덩굴이 빼앗을 수 있는 것은 아무것도 없다.
그러니, 두려워 말라. 그대 약한 아이야,
함부로 벌레에게 해를 끼칠 신은 없노라.
월계관은 황무지를 고수하고
권력은 권력을 휘두르는 자에게 붙는다.
그대의 몫을 갖지 않았느냐? 날개 달린 발로,

보라! 그것은 그대를 맞으러 서둘러 간다.
그리고 자연이 그대의 것으로 만든 모든 것은,
허공에 떠 있거나 돌 속에 갇혀,
언덕을 쪼개고 바다를 거슬러,
그리고 그대의 그림자처럼, 그대를 따르리라.

아름다움에 대한 송가

오, 아름다움이여, 누가 그대에게 주었는가.
축복받고 받지 않은
너무 잘 믿는 연인의
마음의 열쇠들을?
그래, 무상한 세월 속에 언제
내가 그대가 늙을 줄 알았겠는가?
혹은 내 인생을 팔아먹을 정도의
그 일이 무엇이었나?
내 두 눈이 그대를 처음 봤을 때,
마법의 그림으로,
나는 내 자신이 그대에게 속박된 몸임을 알았지.
모든 것의 달콤한 압제자여!
나는 그대의 연못에서
갈증으로 잘못된 물을 마셨지.
그대 친밀한 낯선 이,
그대 마지막이자 첫 번째 사람!
그대의 위험한 시선은
남자를 여자로 만든다.
새롭게 태어나, 우리는 함께 용해되어
다시 자연 속으로 돌아간다.

지나치게, 지나치게 약속을 남발하는 자.
신을 실수하게 하는 암흑!
차례로 그대의 영화를 북돋우는

수많은 가식적인 모습을 한 손님!
순간적인 유희 속에
그대가 서약을 새긴
가장 연약한 나뭇잎, 이끼 낀 나무껍질,
도토리깍정이, 궁형의 빗방울,
흔들리는 거미의 은빛 줄,
홍옥 같은 포도주 방울,
연못의 빛나는 조약돌은,
보답할 자연을 파산시킬 것이다.

아, 조물주가
그의 왕위를 부여한 자를
감추거나 피하는 것이
무슨 소용이 있겠나?
저 높은 천국은
심연의 연인.
태양과 바다,
그대에 의해 충만되어,
내 앞에 달리며
나를 끌며,
여전히 내 곁을 달아나고
그 사이 운명이 나를 위해 선택한 사랑하는 사람을
운명이 내게 거부하는구나.
나의 풍족한 영혼은
풍부한 전체로부터 혼합되었는가.
바다, 계곡 그리고 심연의 하늘이
여러 양식들을 제공했는가.

그리고 나의 구성 요소인 모래가
스스로 드러내며, 나를 끌어들이는가?
솔베이터, 구어치노,
그리고 피라네시의 선들의
웅대한 그림을 담고 있는
자랑스러운 화첩을 넘긴다.
별처럼 영롱한 음악을 듣고
그 곡목들을 잘 나열하는,
조가비의 달인들의
고상한 찬가를 나는 듣는다.
신성한 악상을 지상에서
올림포스의 시인들은 부르며,
그것은 언제나 우리가 젊음을 알고
항상 그렇게 유지시켜준다.
종종, 거리에서 혹은 가장 추한 곳에서,
멀리 배회하는 아름다움들을 발견하지만,
그것들은, 에덴에서부터 크게 길을 잃어,
비천한 집에서도 그들의 길을 잃었다.

무수한 형태의 바다를 미끄러져 가는 그대는,
마치 폭풍 속을 가르는 번개 같아,
뭔가 소유할 수 없고,
뭔가 애무할 수도 없어서,
아무리 빠른 발도 찾을 수 없고,
아무리 완벽한 형상도 얽매일 수 없다.
그대 영원한 도망자,
살아 있는 모든 것 위를 맴돌며,

달콤하고, 엄청난 욕망을

빠르고 능숙하게 불어넣고,

우주와 백합 화관을

그대의 장미 같은 향기로 가득 채우지만,

그대가 가지고 있는 감로의

맛을 볼 수 있는 입술을 주지 않으려 한다.

그대에게 있어 좋고 위대한 모든 것은

극도의 비밀 속에 작용한다.

그대는 어둡고 외로운 이들을 매수하여

그대의 모습만을 알리도록 하고 있고,

그리고 추운 자줏빛 아침

그 자체도 그대의 생각으로 장식하고 있다.

잎이 우거진 골짜기, 도시의 시장,

그대 예술의 동일한 전리품들,

심지어 흘러가는 푸른 하늘도

그대는 나의 절망을 위해 손을 썼지.

그리고 만일 내가 꿈속에서 간절히 바란다면,

다시 나는 그 불타는 빛을 만나리라.

만물의 여왕! 나는 감히 죽을 수 없다.

귀와 눈을 초월한 존재의 심연 속에서.

내가 똑같은 사기꾼을 만나고

영원한 운명의 놀림감이 되지 않을까 두렵다.

무서운 힘, 하지만 그대여! 만일 그대가 하나님이라면,

완전히 나를 파괴하시거나, 아니면 그대를 내게 주시오!